아름다운 삶을 위한
제3의 본성

아름다운 삶을 위한
제3의 본성

초판 1쇄 인쇄 _ 2020년 10월 1일
초판 1쇄 발행 _ 2020년 10월 10일

지은이 _ 정춘훈

펴낸곳 _ 바이북스
펴낸이 _ 윤옥초
책임 편집 _ 김태윤
책임 디자인 _ 이민영

ISBN _ 979-11-5877-193-5 03190

등록 _ 2005. 7. 12 | 제313-2005-000148호

서울시 영등포구 선유로49길 23 아이에스비즈타워2차 1005호
편집 02)333-0812 | 마케팅 02)333-9918 | 팩스 02)333-9960
이메일 postmaster@bybooks.co.kr
홈페이지 www.bybooks.co.kr

미래를 함께 꿈꿀 작가님의 참신한 아이디어나 원고를 기다립니다.
이메일로 접수한 원고는 검토 후 연락드리겠습니다.

정춘훈 지음

아름다운 삶을 위한

제3의 본성

바이북스
ByBooks

추천사

자기계발 시대다. 독서, 글쓰기, 마케팅, 브랜드, 1인기업 등 이 상적인 삶의 모습을 향해 투자하고 공부하는 사람들이 늘고 있다. 목표와 방향을 정하고, 매 순간 최선을 다해 살아가는 태도는 더없이 훌륭하다. 그러나 주류에 포함되어야 한다는 강박으로 뚜렷한 목적의식 없이 부목처럼 이리저리 떠다니는 삶이라면 다시 생각해봐야 할 문제다.

이 책은, 급변하는 환경에 적응하고 변화와 도전에 주저함이 없도록 세 가지 사고방식과 태도를 강조한다. 유연성과 변화성, 그리고 확장성이다.

자기 주관을 뚜렷하게 가지고 있으면서도 타인과의 소통과 유대에 충분히 열린 마음을 가지는 태도가 유연성이다. 시시각각 변화하는 세계에 발맞춰 끊임없이 공부하고 노력하는 자세가 변화성이며, 읽고 쓰고 생각하는 힘을 통해 자신의 우주를 넓혀가는 습관을 확장성이라 정의한다.

"삶의 방향타를 꼭 잡고, 내일을 설계하고, 오늘에 최선을 다하는 모습이 보인다. 지나간 어제는 역사 속으로 묻혀버린다. 성공하는 본성을 계발하는 절절한 몸부림이 보인다. 이것이 승리하는 삶을 향하는, 흙수저의 저주에서 벗어나는 유일한 길임이 가슴에 새겨진다."

따뜻함에 안주하고 쉽게 포기하는 이들에게 일침을 던진다. 꾸준히 노력하고 땀 흘리는 이들에게 격려와 응원을 전한다. 어렵고 힘든 시간을 이겨내고 인생 후반전에 접어든 저자가, 성장과 발전을 위해 온몸을 던지는 자세야말로 지금이라는 시대를 살아내는 유일한 방법이라 강조한다.

자기계발서를 읽을 때마다 뜨거운 열정이 솟는다. 특히 정춘훈 작가의 책은, 저자 본인의 삶을 바탕으로 청춘과 세상에 던지는 절절한 외침이라는 느낌 덕분에 더 가슴에 닿는다. 타성에 젖어 무기력해진 사람 혹은 무엇을 어떻게 해야 할지 갈피를 잡지 못하는 사람이라면, 이 책이 가슴에 불꽃을 지피는 부싯돌 역할을 해줄 것이다. 아울러, 힘들고 지쳐 다리에 힘이 풀린 사람이 읽는다면 눈물을 닦고 일어설 강인한 힘과 용기를 얻는 계기가 될 거라 확신한다.

한 해를 마무리하고 새로운 시작을 앞둔 시기에 맞춤형 책을 만나게 되어 기쁘고 감사한 마음이다.

이은대 자이언트 북 컨설팅 대표

이 책의 저자인 정춘훈 작가와는 1979년 첫 만남을 가진 이후 꾸준하게 만남을 이어오고 있다. 40여 년을 서로 지켜보면서 정춘훈 작가의 사물과 사건을 대하는 냉철한 지성에 탄복하곤 했다. 그는 이제 이 책을 통해 세상에 살며시 얼굴을 내밀며 내면의 수줍은 생각들을 하나씩 풀어나가려 하고 있다. 작가의 진솔한 모습을 아낌없이 응원하며 격려한다.

오늘 만나는 사람은 그 사람의 10년 후 모습을 가늠하게 해주며 오늘 내가 읽는 책은 나의 20년 후 모습을 풍요롭게 해준다. 그래서 이 책이 독자에게 주는 의미가 각별할 것으로 판단한다.

이 책을 통해 독자들은 제3의 본성에 대해 고민을 하며 지금 무엇을 해야 할지 생각해보길 바란다. 태어나면서 부모님으로부터 물려받은 선천적 본성인 제1의 본성은 변화되기 힘든 확정적 본성이며, 성장하면서 '가정환경, 사회환경, 자연환경, 교육환경' 등의 영향을 받아 형성되는 제2의 본성은 만들어지는 것인데 결정적으로

부모의 도움과 역할이 크게 작용한다. 그에 반해 제3의 본성은 사회 진출 후 부닥치게 되는 다양한 변수에 의해 형성이 되는 것으로 앞의 두 본성과는 달리 스스로 판단하고 결정하여 생기는 사고방식, 태도, 자세 등을 의미한다.

생각의 힘을 믿는가? 우리는 어떤 생각을 하느냐에 따라 우리의 삶이 크게 달라지게 된다. 이 생각은 제3의 본성에 속한다. 똑같은 돌이라 하더라도 징검다리가 되기도 하며 걸림돌이 되기도 한다. 우리는 누군가에게 도움을 주는 징검다리가 되어야 한다. 그런 마음을 가질 때 우리가 속한 공동체는 더욱 멋진 향기를 발휘할 것으로 보인다.

지금 세계는 팬데믹의 영향으로 조용히 진행되던 4차 산업혁명이 속도를 내고 있다. 앞으로 사회는 더욱 빠른 속도로 변화를 시도할 것이며 우리가 지금 누리는 것을 강제로 빼앗아 갈 수도 있고 생각지도 않았는데 우리에게 뭔가를 줄 수도 있다. 빼앗기지 않으려면 공부를 하고 사색의 시간을 가져야 한다. 남과 똑같아서는 생존할 수가 없다. 변화를 두려워하지 않으며 힘차게 앞으로 나아가야 한다.

이 책에는 목표설정방법과 그 실천방법을 제시한다. 목표설정은 구체적이며 측정가능해야 하고 객관적인 평가가 가능해야 한다. 그리고 시간대별로 그 목표를 구체화하고 점검을 해야 한다. 위대한 인생을 만드는 첫걸음은 바른 목표의 설정과 꾸준한 실천이다. 정춘훈 작가는 목표를 설정했으면 다른 후순위를 과감하게 포기하는 용기 있는 행동을 해왔다. 이제 정년을 앞두고 작가가 심혈을 기울여 완성한 이 책은 목표가 없이 이리저리 방황하는 청년들에게 등대와 같은 존재가 될 것으로 믿는다.

삶의 질곡을 겪으며 주저앉은 이 땅의 많은 아버지들이 있다. 이대로 포기할 것인가? 왜 그동안 유지하던 희망을 버리고 한숨 속에 삶을 살고 있는가? 40대, 50대의 아버지들에게 이 책을 권한다. 그리고 하나씩 점검해 나가길 권한다. 우리의 삶은 아직 종착역에 도착하지 않았으며 지금 시작해도 늦지 않을 많은 행운이 기다리고 있다. 평생 즐겁게 일하며 보람을 느끼고 싶은 이 땅의 중년들에게 이 책을 감히 권한다.

어려울 때일수록 함께해야 한다. 그리고 책을 통해 지혜를 구해야 한다. 이 책을 통해 크게 변화된 삶을 살게 될 독자들을 상상하며 정춘훈 작가의 지난 40년처럼 앞으로의 40년도 멋지게 우정을 이어가고 싶다. 여러분의 건승을 빈다.

양성길 인싸이트컨설팅 대표

추천사

새는 힘겹게 투쟁하여 알에서 나온다.

알은 세계다.

태어나려는 자는 한 세계를 깨뜨려야 한다.

1차 세계 대전 직후인 1919년 출간된 헤르만 헤세의 소설《데미안》은 당시 전쟁 후 혼란 중인 많은 청년에게 이루 말할 수 없는 심적인 정교함으로 그들 내면의 본성에 영향력을 미쳤다. 당시 청년들은 자신의 내면에서 보지 못한 내면의 무엇인가를 발견하는 계기가 되었다.

지금도 바쁘게 변해가는 시대의 혼란 속에 갇혀 있는 듯하다. 변해가는 과정에서 뒤처지지 않기 위해 정신없이 따라 가기도 하며, 때론 지쳐 뒤처지면 두려움을 느끼기도 한다. 이러한 과정에서 누구나 한번쯤 제3의 본성의 조용한 목소리를 듣게 된다. '나는 누구인가?' '삶이란 무엇인가' '어떻게 살아야 하는가' 끊임없이 불안감 속에서 들어오는 내면의 소리가 있다. 이 소리에 누구는 현실에 더 집중하는 반면 누군가는 새로운 자신을 만나기 위해 현재의 자신을 깨트린다.

정춘훈 작가님을 만난 것은 매주 토요일 새벽 6시 45분에 열리는 독서포럼나비 모임이었다. 독서포럼나비를 10여 년간 운영하며 다양한 사람들을 만나왔다. 사업가, 직장인, 학생, 주부뿐 아니라 많은 저자들을 만나고 보통사람들이 만나기 힘든 사람들도 많이 만났다. 이러한 과정 속에서 여러 사람의 삶을 지켜보며 내면의 진정성을 발견하고 숨겨진 가치를 발견할 수 있는 기회를 가질 수 있었다.

매주 꾸준히 다른 사람들보다 일찍 나오는 그분의 성실함뿐 아니라 나이에 불문하고 경청하고 듣고 배우려는 자세는 함께 토론하는 이들을 편안하게 해주었다. 그 겸손함이 인상적일뿐 아니라 신뢰감을 주었다.

또한 토론은 책을 깊이 읽고 흠뻑 젖어 이야기하기에 토론 시간이 지났음에도 차마 끊기 힘들 때도 있었다. 책을 통해 자신이 깨지고 완전히 소화되어 이야기하기에 많은 이들이 책을 읽지 않아도 그 내용을 이해할 뿐 아니라 그 토론을 통해 영감을 받을 수 있었다.

이러한 경험, 겸손, 배움, 꿈, 목표…… 등 끊임없이 배우며 조용히 자신의 내면에 변화를 일으켰다. 그러한 과정이 하루 이틀이 아닌 몇 년간 지속하며 제3의 자신을 발견한 것이라 확신한다. 그렇기에 작가의 책을 신뢰하고 진심으로 추천하고 싶다.

 이 책은 제1의 본성(선천적 본성), 제2의 본성(후천성 본성)을 설명하며 100세 시대를 맞이하는 이들에게 제3의 본성을 깨워야 하는 것을 제안하고 있다. 제2의 본성이 현재의 자신이며, 자신의 한계적인 본성이라면, 제3의 본성은 창조적인 본성이자 자신 안에 숨겨진 '꿈'이자 진정한 '나'이다.

 《아름다운 삶을 위한 제3의 본성》은 불안한 미래에 끊임없이 젊음을 바쳐 바쁘게 살아온 이들에게 위로와 격려가 되어줄 것이다. 제3의 본성이라는 개념은 자신 안의 숨겨진 나를 찾는 '시작점'이 될 것이고, 이 책이 제3의 본성을 찾아가는 과정을 알려주는 '로드맵'이 되어줄 것이라 기대해본다.

장주영 《기획자의 경험》《라이프서핑》 저자

제3의 본성이
필요한 시간

평균 수명 100세 시대가 다가오고 있다. 이젠 은퇴 전의 시간보다 그 후의 시간이 더욱더 중요한 시대가 되었다. 정년 연장이 검토되고 있지만, 현재 우리 시대는 60세 정년이 대세다. 은퇴 전까지의 사회생활 기간이 30여 년 전후라면, 은퇴 후에는 40여 년의 시간이 활동기로 남아 있을 것으로 예상된다. 무엇인가 준비해야 한다.

우선 현업에 충실해야 한다고 생각한다. 은퇴 후의 삶은 은퇴 전 뛰었던 현업에서의 삶이 어떠했느냐에 따라 대부분 결정된다. 삶은 시간의 연속성에 놓여 있기 때문이다. 현업에 있을 때, 의미 있는 아름다운 삶을 살아야 한다. 크고 작은 장애물들을 극복하는 지혜를 쌓아야 한다. 그것이 현업에 충실한 삶이다. 은퇴 후의 삶을 준비하고, 자신의 꿈을 이루어 가는 길이다.

그 길을 가기 위하여 나는 제3의 본성이 필요하다고 생각했다. 그래서 제3의 본성에 대해 이야기하고자 마음먹었다. 제3의 본성은 사실 내가 새롭게 창조해낸 것은 아니다. 인생의 선배들, 또 우리들의 일상에 녹아 있었던 것이다. 따라서 내가 제3의 본성을 언급하는 것이 사실 부담스럽다. 더구나 작가로서의 첫걸음에서 이를 다루는 것이 분에 넘치는 일이 아닌가 고민스럽기도 하다. 그러나 도전하기로 결심했다. 내가 제3의 본성에 관해 이야기하는 것이 곧 나의 현업에 충실한 일이라는 생각에 이르렀기 때문이다.

본 책에서는 인간의 본성을 제1의 본성, 제2의 본성, 제3의 본성으로 분류했다. 그리고 사회 진출 후 인생의 꿈을 이루는 데 꼭 필요한 요소로서 제3의 본성을 소개했다. 본격적인 소개는 본문에서 다루고자 한다. 내가 직장 생활을 하면서 보고, 듣고, 경험한 사실을 배경으로 여러 사례들을 제시했다는 것만 우선 밝힌다. 그 사례들은 모두 우리 주위에서 충분히 일어날 수 있는 일들이다. 누구나 쉽게 공감할 수 있을 것이다. '나'의 이야기이고, '우리'의 이야기이므로.

아름다운 삶을 살아야 한다. 인생의 소명을 이루는, 후회 없는 삶을 살아야 한다. 계획하고 실천하는 삶이 필요하다. 삶의 지혜가 삶을 풍요롭게 만든다. 그러므로 나는 우리 모두가 제3의 본성을 따라 살기를 소망한다.

글쟁이로서 본 책은 첫 번째 옥동자이다. 여러 모로 부족하고, 미숙한 점이 많이 있으리라 생각된다. 독자들의 많은 고언과 채찍질을 기대한다. 고언과 채찍질을 가하는 독자는 자신이 의미 있고 아름다운 삶을 사는 것이라 믿어도 괜찮다. 나 역시 내 삶을 의미 있고 아름답게 만들기 위해 그것을 달게 받을 준비가 되어 있다.

오늘의 나를 만들어준 모든 이에게 감사를 전한다.

보통 사람의 평범한 삶을 살았다.
그런 내가 책 한 권을 세상에 선보인다.
제3의 본성을 깨우는 데
도움을 주었으면 하는 희망이다.

차례

chapter
1

인간의 본성과 나의 본성

chapter

4

제3의 본성으로 행복하기

chapter

5

지금 주저앉은 이들을 위하여

chapter **1**

인간의 본성과 나의 본성

본성에 대한 사색

언젠가 30여 년간의 직장 생활을 찬찬히 되돌아보았다. 한순간 한순간 어떤 생각을 했고 어떤 흔적을 남겼는지 스스로에게 물어보았다. 고객은 누구였지? 업무 수행 시 최선을 다했었나? 무엇을 생각하며 살았는가? 나의 선천적, 후천적 본성에 매몰되어, 조직의 굴레 안에서 주어진 업무에만 파묻혀 있었던가?

'평범한 삶이었다'라는 답이 내 안에서 나왔다. 개선하고 극복하고 멋지게 살 수 있는 길은 찾아보지 않은 내가 보였다. 주어진 직업이 천직이려니 생각하며 단순히 주어진 업무에만 매진했다. 흙수저로서 동료와 상사들에게 인정받기 위해, 나의 꿈을 이루어가는 주체적인 삶을 살지 못했다. 다른 사람이 꿈을 이루는 데 도와주는 삶을 살았다. 내 삶의 주인이 아닌, 손님으로서의 삶을 살았다. 나는 제3의 본성에 충실하지 못한 삶을 살았던 것이다.

그렇다면 제3의 본성이란 무엇일까?

인간의 본성이란, 인간 존재에 관한 특성을 일컫는 말이다. 본성에는 선천적 본성인 제1의 본성, 후천적 본성인 제2의 본성, 그리고 절제된 사회적 본성인 제3의 본성이 있다.

제1의 본성은 선천적 본성이다. 선천적 본성은 생물학적 본성이라고도 한다. 태어나면서 부모님으로부터 물려받는다. 천부적 성향과 성격, 유전적 정신력 등이 이에 속한다. 변화성이 없으며, 확정적이고 고정적인 특성이 있다.

제2의 본성은 후천적 본성이다. 후천적 본성은 육성학적 본성이라고도 한다. 성장하면서 주위 환경에 영향을 받으며 형성된다. 지식, 기술, 재능, 능력 등이 주요한 본성의 요소이며, 가정환경, 사회환경, 자연환경, 교육환경 등이 주위 환경에 포함된다. 후천적 본성은 사회에 진출하기 전까지 형성된 것으로서 이미 만들어진 본성은 변화시키기가 어렵다. 변화된다 하더라도 많은 시간과 노력이 소요된다.

제3의 본성은 사회적 본성이다. 사회적 본성은 절제학적 본성이라고 한다. 사회 진출 후 급변하는 주위 환경에 적응하면서 성공적인 삶을 위해, 승리하는 생활을 위해 필요한 사고방식, 태도, 자세등이 관련된 본성의 요소이다. 유연성, 변화성, 확장성을 갖고 있는 것이 그 특징이다.

많은 사람들이 '태생'에 신경을 쓴다. '금수저' 혹은 '흙수저'라고 하면서 자신의 상황을 부모 탓, 조상 탓으로 치부한다. 태어난 환경이 삶의 모습을 좌우하는 주요 인자들을 결정했기에 현재의 위치가

운명이라고 받아들인다. 마이너리그 대학에 진학한 것도, 변변치 못한 직장에 다니는 것도 다 조상 탓으로 돌린다. 그렇게 푸념하면서 하루하루를 보낸다.

제1의 본성, 제2의 본성으로 한 번 고착화되면 더 이상 반전의 기회는 없는 것인가? 야구의 9회말 끝내기 홈런 같은 인생은 없는 것인가? 축구의 후반전 '언저리 시간'의 역전 골 같은 순간은 오지 않는 것인가? 없다면 참으로 암울한 것이다. 흙수저라는 단어 하나에 전체 삶이 결정된다면 살기 싫을 만큼 슬플 것이다. 이 세상에 태어난 것 자체가 축복이 아닌 저주일 것이다.

과거에도, 현재에도 성공한 사람들은 많이 있다. 그들 중에는 금수저도 있고, 흙수저도 있다. 이상도 하다. 금수저는 금수저이기 때문에 성공했다 하더라도 흙수저는 어떻게 성공할 수 있었을까? 그들은 어떻게 부모와 다른 삶을, 부모가 물려준 것과 다른 삶을 살 수 있었을까? 세상에 태어나는 그 순간에 운명이 결정되는데, 도깨비 방망이라도 손에 넣은 것일까? 온달 장군, 김구 선생, 이상재 선생, 현대그룹 정주영 회장, 에이브러햄 링컨 대통령 등은 금수저와는 거리가 먼 인물들이다. 그럼에도 불구하고 성공을 이룬 그들에게는 우리에게 없는 특별한 DNA라도 있는 것인가?

생각하는 대로 삶은 이루어진다. 모든 삶은 생각의 산물이다. 현재의 모습은 과거의 생각과 행동의 결과이고, 내일의 모습은 오늘 어떤 생각을 하고 그 생각을 어떻게 행동으로 옮겼느냐에 따라 만들

24

어진다. 그 생각이란 제3의 본성이다. 제3의 본성에 따라 우리의 삶은 명품이 될 수도 있고, 짝퉁이 될 수도 있다.

물론 태생적 환경이 좋으면 유리한 것은 사실이다. 또한 제1의 본성과 제2의 본성에 긍정적인 면이 많다면 이를 잘 고수하여 성공에 이를 수 있다. 문제는 태생적 환경이 좋지 않을 때, 제1의 본성과 제2의 본성에 부정적인 면이 많을 때이다. 이때는 변화를 모색해야 한다. 일은, 삶은 생각하는 대로 된다. 누구 말대로 레버리지를 주관하지 못하고 레버리지를 당하면서만 살 것인가? 진정 그런 삶을 원한다면 굳이 변화를 꿈꿀 필요는 없다. 그러나 되도록이면 오늘은 어제보다 진일보하여야 한다. 행복은 그런 삶과 더 가까이 있다.

피부가 까무잡잡하게 그을린 소년이 있었다. 촌티가 주르르 흐르는 소년은 평범하고 보잘것없는 존재였다. 그런 소년이 두 주먹을 불끈 쥐는 순간이 있었다. 빛바랜 한국소년소녀위인전과 세계위인전 전집을 읽을 때였다. 소년은 소중한 보물을 다루듯 그 책을 읽었다. 그리고 다 읽은 책을 책꽂이에 꽂을 때 낯선 골목을 정신없이 달려온 기분이 들었다. 소년은 그 골목에서 위인들과 함께 즐거운 시간을 보냈던 것이다. 온달 장군, 김구 선생, 이상재 선생, 정주영 회장과 링컨 대통령……. 그들은 책 속에서 소년과 함께 뛰어놀았다.

그 소년은 지금 어른이 되어 글을 쓰고 있다. 어린 시절 내게 책을 통한 경험은 의식적으로든, 무의식적으로든 성장에 크고 작은 영

향을 주었다. 선천적인 본성에서 한 걸음 나아가는 데, 후천적인 본
성 형성과 사회적 본성이 건강하게 이루어지는 데 배경이 되었다고,
나는 믿는다.

내가 책을 집어든 행위는 변화를 도모한 행위였다. 내 삶의 주인
으로서 살기 위한 작은 걸음이었다. 우리 모두에게 비슷한 기회가
있다고 믿는다. 그 기회는 나처럼 책일 수도 있고, 다른 그 무엇일
수도 있다. 그 기회를 잡아 변화하고 삶을 주도적으로 이끌어가기를
바란다. 행복을 원한다면 말이다.

험한 세상에
다리가 되기를

1960~70년대만 해도 우리나라의 시골 시냇가에는 철골 시멘트 다리가 많이 없었다. 대신에 통행이 잦은 냇가 어귀에는 징검다리가 있었다. 징검다리의 주요 구성품은 넓적하고 큼지막한 돌이었다. 주민들은 십시일반으로 그 돌들을 놓아 징검다리를 만들었고, 그렇게 만든 징검다리는 요긴하게 사용되었다. 갑돌이와 갑순이의 두 마을을 하나로 이어준 것이다. 물리적 이질감을 떨치게 해주고, 정서적 동질감을 회복시켜준 것이다.

징검다리의 돌들은 얼기설기 놓여 있다. 그런데 돌이 하나라도 빠지면 다리로써 제 역할을 하지 못한다. 장정들이라면 훌쩍 두 칸을 뛰어 건널 수 있겠지만, 어린아이나 노약자들은 제자리에서 발만 동동 굴러야 한다. 아무것도 아닌 듯한 징검돌 하나가 사실은 아주 중요한 구성품이었던 것이다.

우리 각 개인도 하나의 징검돌과 같다. 우리는 소중한 징검돌로서 다음 세대와의 연결을 위한 징검다리 역할을 해야만 한다. 세상의 다리가 되어야 한다.

세상의 다리가 되어야 하는 이유는 인류의 역사가 무한하기 때문이다. 인류의 역사는 유한한 삶을 가진 한 사람 한 사람의 삶이 연속되며 이어져 간다. 한 세대의 역할을 담당한 사람들이 자신의 몫을 감당하지 못하면, 역사는 퇴보한다. 따라서 현재를 살아가는 우리 모두에게는, 인류의 구성원으로서, 인류의 역사를 발전적으로 이어갈 임무가 있다. 그것은 사명이다.

인류의 역사를 이어갈 사명은 어떻게 완수할까? 여러 가지 답이 나올 수 있겠지만, 내가 생각하는 답은 저마다 자신의 꿈을 이루는 것이다. 꿈을 이루면 삶은 아름다워진다. 아름다운 삶을 사는 사람은 세상에 선한 영향력을 끼칠 가능성이 높다. 꿈을 이루어가는 과정에서도 선한 영향력이 나올 수 있다. 꿈을 이루려는 사람은 대체로 성실하고 부지런하게 산다. 노력하는 삶을 산다. 그런 삶은 많은 이들에게 긍정적으로 작용한다.

인류의 역사를 이어가는, 그토록 가치 있는 꿈은 분명해야 한다. 먼저 자신에게 자세하게 설명할 수 있어야 한다. 타인에게도 구체적으로 이해시킬 수 있어야 한다. 자칫 헛된 욕망을 꿈으로 오인할 수 있는 위험이 있기 때문이다. 헛된 욕망을 좇는 삶은 불행으로 빠지기 십상이다. 그런 삶은 다른 사람들에게도 부정적인 영향을 미친다. 부정의 시너지 효과가 창출되는 것이다.

헛된 욕망이 아니라 참된 꿈이라도 자신과 타인에게 똑똑히 이해시켜야 하는 작업은 필수다. 그래야만 꿈을 향해 달려가는 동력을 얻을 수 있다. 꿈을 막연하고 흐릿하게 그리고만 있으면 동력이 떨어진다. 그러면 꿈은 그야말로 '꿈'에 머물 수 있다. 자신은 꿈을 향해 나아간다고 생각하는데, 꿈은 자신도 모르게 멀어져 갈 수 있다.

꿈이 있는 사람이라면 누구나 꿈을 이루고 싶어 할 것이다. 그렇다면 어떻게 해야 꿈을 이룰 수 있을까? 꿈을 이루고 싶다면 목표를 정하기를 권한다. 목표는 꿈 성취에 가장 중요한 부분이다. 삶의 전 기간을 장기, 중기, 단기 별로 나누어 목표를 설정해야 한다. 하루하루의 목표 달성은, 한 주 한 주의 목표 달성이 된다. 한 주는 한 달의, 한 달은 일 년의, 일 년은 십 년의, 십 년은 평생의 목표 달성이 되는 것이다. 인생의 꿈은 목표의 달성에 의해 이루어진다. 목표 설정이야말로 꿈을 향해 가는 첫 출발점인 것이다.

주의할 점은 목표는 분명하고, 현실성이 있어야 한다는 것이다. 목표가 분명하고 현실성을 지니려면 자신이 갖고 있는 모든 자원을 자세히 파악해야 한다. 그것들을 어떻게 활용할 것인가를 종합적으로 평가하여 목표를 설정해야 한다.

목표 달성을 위해서는 실행 계획을 세우자. 실행 계획은 목표 달성의 핵심이다. 실행 계획을 세울 때는 어떤 전략과 전술을 기준으로 삼느냐가 중요하다. 전략과 전술은 너무 이상적이면 안 된다. 실행 계획은 도달 가능해야 한다. 현실성이 있어야 한다. 또한 투명하게 판단할 수 있는 계획으로 운영되어야 한다. 명확한 실행 계획의 수립은, 그 운영과 더불어 계획 달성의 성공 여부를 좌우하게 된다. 그리고 실행 계획 이행 후에는 반드시 평가가 이루어지도록 하자. 평가는 손쉽게 할 수 있게, 가능하면 정량적인 기준이 제공되어야 한다.

다음은 일상의 습관화이다. 꿈을 이루는 데 일상의 습관화는 결코 빠질 수 없다. 목표, 실행 계획 등의 프로그램이 아무리 훌륭하다 하더라도 일상의 습관화에 실패하면 그 프로그램은 무용지물이 된다. 일상의 습관화란 중단 없는 지속적인 실행이다. 중단 없는 전진은 오직 일상에서 이루어진다. 다시 말해 생활 태도를 바꾸어야 한다는 이야기이다. 게으르고 변덕스러운 생활 태도를 가진 사람은 그 어떤 일도 지속적으로 실행하지 못한다. 부지런하고 일관된 생활 태도만이 지속적인 실행을 가능하게 만든다. 무엇이든 지속적으로 실행하면 습관이 된다. 습관이 몸에 배면 그것은 자연스럽게 일상이 된다. 꿈을 이루고 싶다면 그 꿈을, 목표와 실행 계획을 일상으로 만들자.

생활 태도를 바꾸고 싶다면 환경을 바꾸어야 한다. 환경에는 가정, 직장 등 물리적 환경 외에 대인관계 등의 인적 환경도 포함된다. 두 가지 환경 모두 중요하며, 따라서 어느 것 하나 무시할 수 없다. 그런데 현실적으로 환경을 바꾸거나 새로운 환경으로 탈출하기가 생각만큼 쉽지는 않다. 가령 쾌적한 주거 환경으로 바꾸고 싶어도 일단 돈 문제에 부딪히게 된다. 직장을 옮기는 일도 마찬가지다. 최소한 다른 직장에서 인정을 받을 만큼 전문성을 갖춰야 하는 것부터 급여 조건, 집과 직장과의 거리 등 여러 가지가 걸린다. 인적 환경을 바꾸는 일도 만만치 않다. 외딴섬에 홀로 떨어져 살지 않는 이상 사람은 누구나 주변인들과 영향을 주고받고 살아가야 할 운명이기 때문이다. 무 자르듯 인간관계를 뚝 끊는 일도 어렵고, 새 인간관계를 뚝딱 만들어내기도 쉽지 않다. 이런 이유들로 인해 환경은 곧잘 좌절을 안겨준다.

그러나 좌절할 수는 없다. 환경을 바꾸기 어렵다면 환경과 자신이 조화를 이루는 방법도 있다. 즉 다른 의미의 '친환경적'으로 스스로를 변화시켜 보는 것이다. 친환경적으로 살고 싶다면 현업에 충실한 것이 제일이다. 현업 역시 환경이다. 현업에 성실하면, 환경이 '나'를 돕는 도우미 역할을 하기 마련이다. 예를 들어, 출판사 창업을 꿈꾸는 영업 사원이라면 업무에 최선을 다해보자. 시장 조사를 열심히 하고, 독자들과 적극적으로 소통하고, 마케팅 공부도 부지런히 해보자. 어느 순간 출판 시장의 구조, 트렌드, 운영 노하우 등이 눈에 보일 것이다. 서점, 독자, 마케팅 사례 등의 환경이 그런 눈을 키워줄 것이다. 이처럼 환경의 도움을 받으면 꿈은 어느 순간 꿈꾸는 사람에게로 다가올 것이다.

의식의 변화 역시 환경을 바꾸는 혹은 환경과 조화를 이루는 중요한 작업이다. 특히 사회 초년생들에게 요구되는 작업이라고 할 수 있다. 선천적 본성과 후천성 본성만을 갖춘 사회 초년생들은 사회에 진출하며 처음으로 급변하는 환경에 노출된다. 이 환경이 무엇인지, 어떻게 해석해야 하는지, 어떻게 대응해야 하는지, 지금까지 준비한 무기로는 대처하기가 쉽지 않음을 깨닫는다. 무엇인가 새로운 것이 필요하다고 생각한다. 이때 꿈을 향해 전진하려는 사람은 마음가짐을 새롭게 한다. 스스로 극복해야만 한다고 마음먹는다. 분명히 해결 방안은 있다고 믿는다. 그런 마음가짐으로 사회생활을 해나가면 긍정적인 자세, 적극적인 태도, 끈기 있는 실행력, 절제된 마음 등이 몸에 배어간다. 자기 자신이 먼저 변해야만 자신의 주위, 즉 환경이 변할 수 있다는 것도 깨닫는다. 그 깨달음은 꿈을 향해 한 걸음 더 가까이 나아가게 만든다.

내가 사회 초년생이었던 시절이 기억난다. 평범한 직장인으로서 사회에 첫발을 내디뎠을 때 모든 것이 새로웠다. 새로운 삶, 새로운 환경에 적응하느라 정신이 없다. 그러나 분명 마음과 몸을 짓눌렀던 보이지 않는 굴레가 벗겨지는 느낌이 있었다. 새로운 환경이 주는 어떤 근원적인 기운 탓이랄까? 나는 열심히 업무를 배우고 최선을 다해 일했다. 주위의 선배, 동료들과도 적극적으로 어울렸다. 그러다 보니 나도 모르는 사이 사는 게 즐거워지기 시작했다. 인생의 황금기라고 표현해도 좋을 그런 시절이 찾아오게 되었다. 감사하게도 사랑도 할 수 있었다. 나는 삶이 아름답다는 생각까지 하게 되었다.

사랑이 결실을 맺어 가정을 이루고, 자녀를 가졌다. 행복했다. 그러나 엄습해온 가장으로서의 책임이 어깨를 무겁게 하기도 했다. 어느덧 회사에서 나는 중견 사원으로 변해 있었다. 대부분의 업무를 홀로 책임지고 처리해야 했다. 가정에서도 회사에서도 혼자만의 삶을 생각하는 일이 줄어들었다. 당연히 줄여야 했다. 가족과 회사의 일원으로서 감당해야 할 역할이 더 중요한 시기였고, 그것을 해내려면 혼자만의 시간을 희생하는 것을 감수해야 했다. 나는 이런 변화가 버겁기는 했지만, 자연스러운 변화라고 받아들였다. 이런 것이 삶이고, 이런 삶을 사는 것은 스스로 익어가는 것이라고 생각했다. 나름 의식의 변화를 이룬 것이다. 그 의식의 변화로 인해 지금까지 제법 잘 살아낼 수 있었다.

하지만 신입사원 시절을 행복하고 보람차게만 보냈다고 말하기는 조금 어렵다. 출신을 따지자면 나는 흙수저에 가깝다. 마이너리그 출신으로서 메이저리그에 들어가려면 남보다 몇 배 더 열심히 뛰어야 할 처지였다. 그래서 나는 뛰었다. 회사에서 선배나 상사가 부르면 즉시 뛰어갔다. 지시를 받으면 달리듯 업무를 해냈다. 복사실로 가서 복사하고, 현관으로 한걸음에 내려가 손님 맞고, 항상 헉헉대며 여기저기로 날아다녔다. 가쁜 숨을 몰아쉬며 한 모금의 담배 연기를 허공에 내뿜는 여유에 만족해야 했다. 하루빨리 다른 동기들보다 먼저 업무에 익숙해져 인정받았으면 하는 바람을 나는 담배 연기와 함께 하늘에 피워 올렸다. 그런 하루가 차곡차곡 쌓여 어느덧 선배 사원이 되었다. 그리고 또 많은 날들이 쌓여 중견 사원으로 발돋움했다. 정말 다행스럽게도 회사에서 꼭 필요한 사람이 되었다. 나의 노력이 나를 배신하지는 않은 것이다. 적어도 회사에서는, 대단하지는 않지만, 없어서는 안 될 하나의 징검돌이 된 것이다.

신입사원 시절에 대해 내가 회의하는 것은 그저 경마장을 달리는 말처럼 일만 했기 때문이다. 현업에 충실했다고 볼 수도 있으나 사실은 그것에 매몰되어 정신없이 달리기만 한 것이다. 주위를 돌아볼 여유도 갖지 못했다. 꿈이라는 것을 가질 겨를조차 없었다. 꿈을 그리고, 목표를 잡고, 그것들을 위해 상세한 실행 계획들을 세워 실천해나가는 삶과는 너무나 거리가 멀었다. 근본, 본질과 같은 것에 가치를 두고 살지 못했다. 솔직히 필요성도 잘 느끼지 못했다. 눈앞의 일을 해치우는 것에 급급했다. 그래서 후회스럽다. 반성이 된다. 그 시절은 되풀이하고 싶지 않은 어제이다. 여러분은, 특히 사회 초년생이라면, 나와 같은 실수를 범하지 않기를 바란다.

지난날 과오를 저지른 사람으로서 부끄럽지만 이런 질문을 던지지 않을 수 없다. 우물 안 개구리로만 살 것인가? 우물 밖 개구리로 살 것인가? 주어진 삶의 경계에 갇혀 "너는 금수저, 나는 흙수저" 하고 타령만 할 것인가?

선택은 자기 자신에게 달려 있다. 그러나 나는 모든 사람들이 우물 밖 개구리로 살기를 희망한다. 우리에게는 역사를 발전적으로 이어갈 책임이 있기 때문이다. 우물 안 개구리는 우물과 함께 잊히기 마련이다. 우물 밖 개구리만이 역사에 남는다. 우물 밖으로 뛰쳐나오려면 용기가 필요하다. 이를 위해 분명한 꿈을 갖자. 꿈이 용기를 안겨줄 것이다. 그 용기로 꿈을 이루는 삶을 살기를 진심으로 기대한다.

목표를 향한 항해

목표는 인생의 긴 여정에서 삶의 방향을 지시해준다. 폭풍 속의 바다에서 뱃길을 안내해주는 등대와 같다. 새로운 땅에서 자신의 꿈을 이루겠다는 사람들이 있다. 긴긴 항해가 예상된다. 단지 출발과 도착 항구만 정해져 있다.

누군가 이야기한다.

"이 항로를 따라 항해하면 신천지로 갈 수 있다네. 중간 기착지를 안내해 줄 테니 거쳐서 가면 목적지에 안전하게 도착할 수 있을 것이네."

첫 항해를 앞둔 사람들에게 귀중한 정보임에 틀림이 없다. 그들은 또 다른 사람들을 만나 자료와 정보를 수집한다. 그를 토대로 현실을 파악한다. 항해에 나설 배는 어떤 특성을 갖고 있는지, 기상 조건은 어떤지, 식량이 얼마나 필요한지, 연료를 얼마나 확보해야 하는지, 항해 중 중간 기착지에 입항하여 어떤 종류의 용품들을 보충받아야 하는지…….

대략적인 검토가 끝났다. 이제 상세 항로 및 상세 여정을 결정할 차례다. 그들은 또다시 검토에 들어간다. 목적지까지 가는 동안 어떤 일을 할지, 예상 못한 사고에는 어떻게 대처할지, 배 안에서 하루 일과는 어떻게 보낼지 등을 결정한다. 모든 준비를 마친 사람들은 희망을 안고, 자신감을 갖고 배 위에 오른다.

인생도 항해와 같다. 현재는 출발 항구이며, 꿈은 목적지로 삼은 항구가 된다. 중간중간 들르는 항구는 인생 여정의 주요 전환점이 된다. 삶은 꿈을 향해 항해여야만 한다. 꿈의 이룸이 삶의 방점이어야 한다. 꿈의 변환된 모습은 목표다. 목표를 달성하는 것이 곧 꿈을 이루는 것이다. 목표를 달성하는 로드맵을 그리자. 로드맵은 삶의 방향을 제시해준다. 꿈을 향해 가는 여정을 알려준다.

'소년이여 꿈을 가져라. 꿈은 이루어진다.'

초등학교 교정에서 자주 볼 수 있는 문구이다. 소년 시절부터 꿈을 갖는 것은 무엇보다도 중요하다. 꿈은 어릴 때부터 의식적으로 뼛속까지 각인시켜야 한다. 꿈이 성취됐다는 의식 속에서 생활하는 것이 좋다. 그렇게 하면 매순간 꿈과 관련된 새로운 지식을 탐구하고, 흡수하고, 저장하여, 확장시키게 된다. 꿈을 이루는 최적의 방법을 찾아내는 것이 가능해진다. 이런 이유로 꿈은 빠른 시기에 가질수록 좋다. 비록 꿈을 이루는 최적의 방법을 찾아내지는 못하더라도 꿈을 안고 생활하는 것 자체가 시간을 효과적이고 의미 있게 활용하는 것이다. 그것만으로도 소년기에는 충분하다. 얻는 것이 많다. 소년기는 배가 출항하는 항구에 서 있는 시기이다. 소년이여, 꿈을 가져라. 그리고 그 꿈을 이루기 위해 목표를 세우고 그 목표를 향해 달려가라.

회사에서는 소년과 다름없는 존재가 있다. 바로 신입사원이다. 나도 신입사원 시절이 있었다. 그 시절의 나에 대해서는 '2. 험한 세상의 다리가 되기'에서 조금 언급했다. 그러나 못내 하지 못한 말을 여기에 덧붙인다.

배속된 팀은 정말 업무가 대단히 많았다. 게다가 막내였던 탓에 모든 잡일이 내 몫이었다. 평소 사무실은 너무나 조용했다. 파리가 들어왔다면 윙윙 날아다니는 소리가 들렸을 것이다. 그렇게 적막한 곳에서 나는 일만 했다. 나뿐만 아니라 모든 직원들이 너무너무 열심히, 성실히 일했다. 내 눈에 그 사람들은 자신이 갖고 있는 모든 자원을 쏟아붓는 것처럼 보였다. 그렇게 며칠, 몇 주, 몇 달이 지났다. 어느덧 선배 사원들과 스스럼없이 대화를 나누고, 가끔 술잔을 기울이기도 할 만큼 관계가 진전되었다. 그리고 그때쯤 참 이상한 생각이 들었다. 선배들 중에 서로 동기이면서 직위가 다른 경우가 꽤 많다는 사실이 이상하게 보였다. 동기인데 한 사람은 상위 직급이고, 한 사람은 팀원이다. 두 사람 다 똑같이 일찍 출근해서 늦게

까지 업무에 힘쓴다. 그런데 왜 직급에서 차이가 날까?

'우리 기수는 거의 70여 명이나 되는데, 우리도 시간이 지나감에 따라 누구는 앞서고, 누구는 뒤처지게 되는 걸까? 다들 열심히 최선을 다한다고 하는데 왜 그런 걸까?'

선배들이 나와 동기들에게 신입사원 환영회를 열어준 적 있었다. 그날 고깃집에서 갈매기살을 구워먹으며 술잔을 기울였다. 선배 사원들이 환영사를 건넸고, 신입 사원이 감사 인사와 각오를 던졌다. 술병이 늘어날수록 사람들의 얼굴은 보기 좋게 변해갔다. 몇 순배 술잔이 돌자 선배들은 후배에게 직장 생활의 실상을 이야기했다. 정리하자면 이랬다. 회사에 메이저리그 출신들이 많으니 그들 속에서 인정받으려면, 최소한 동기들과 제때 함께 성장하려면 다른 메이저리그 출신보다 두세 배는 더 열심히 몸으로 때워야 한다는 이야기였다. 어떤 선배는 이렇게 말했다.

"대리, 과장까지는 그럭저럭 가능한데, 그 이상의 진급은 억세게 운이 따라 주어야 돼. 아무 생각 말고 죽었다 생각하고 일해. 근무 시간은 당연하고 퇴근 시간 이후에도 선배를 하늘같이 모시고."

선배는 자신의 말이 회사에서의 생존 전략이라고 단언했다.

그 후 나는 윗사람들이 일하는 모습을 유심히 관찰했다. 대리와 과장, 과장과 차장, 차장과 부장의 차이점은 무엇인지, 무엇이 그 차이를 만드는지 혼자 연구했다. 출신 성분일까? 연줄일까? 관운일까? 그때는 명확한 연구 결과를 얻지는 못했다. 다만 그들이 직급이 높아질수록 실무자에서 관리자로 역할이 바뀐다는 것은 확실히 알아냈다. 관리자에게는 대개 실무자보다 더 큰 책임이 따르는데, 상위 직급의 사람들은 자신의 경력과 노하우로 그것을 감당해내고 있었다. 출신 성분이 아무리 좋아도, 연줄이 탄탄해도, 관운을 타고 났어도, 그것들만으로는 관리자의 소임을 다해내기는 무리였다.

내가 좀 더 경륜이 쌓인 뒤 그 차이점을 분명히 알 수 있었다. 그것은 목표 달성을 위한 삶을 산다는 것이었다. 그런 삶이 책임 있는, 비중 있는 관리자의 자리로 이끈다는 사실이었다.

앞서 언급했지만 목표 달성을 위해서는 실행 계획이 중요하다. 이쯤에서 실행 계획 수립을 위한 기본 요소를 알아보고자 한다. 기본 요소는 아래의 4가지다.

첫째 - 명확한 목표
둘째 - 목표 달성 일정
셋째 - 목표별 성취량
넷째 - 성취 평가 기준

이 기본 요소를 먼저 확실하게 해두어야 목표 달성을 향해 나아갈 수 있다. 무엇이든지 기초가 튼튼해야 한다는 것은 기본 중의 기본이다.

기본 요소가 정해지면 실행 계획을 상세하게 수립하는 것이 가능해진다. 상세 계획을 수립하면 신기하게도 목표 도달 가능성에 대한 믿음이 생긴다. 이것은 해본 사람만 느낄 수 있다. 그 믿음은 몸 안에 실천 DNA, 습관 DNA, 성공 DNA를 만든다. 그런 DNA를 가진 사람은 항해 중 암초와 풍랑 같은 고비를 만나도 좀처럼 좌절하지 않는다. 밝은 등대를 기대하며 이겨낸다. 그리고 마침내 항해에 성공한다.

변화해야만
삶이 변화한다

신입사원들이 회의실에 모여 있다. 테이크아웃 커피를 한 잔씩 손에 들고 삼삼오오 정담을 나눈다. 이윽고 넥타이를 맨 중년의 신사가 들어온다. 후다닥 제자리를 찾아가 앉는다. 프레젠테이션 자료를 스크린에 띄운다.

'아하, 교육 시간이구나.'

강의실 풍경을 엿보던 나는 이제 강의를 엿듣는다. 강사가 묻는다.

"여러분의 꿈은 무엇인가요? 입사하신 목적은 무엇인가요? 회사에서 꿈을 어떻게 이룰 건가요?"

조용하다. 아마도 취업하기 힘든 요즘 시대에 자신에 대하여 깊이 생각해볼 여유가 없었던 것 같다. 강사는 계속한다.

"여러분은 여러분 자신의 꿈을 이루기 위한 목적의식을 갖고 입사하셨을 겁니다. 교육 프로그램을 종료하는 마지막 시간에 여러분들의 꿈과 그 꿈을 우리 회사에서 어떻게 이루어갈 것인지, 각자의 계획에 대하여 설명하면서, 서로 공유하도록 하겠습니다. 미리 준비하시기 바랍니다."

나는 이전의 교육 현장과 그 모습이 많이 다르다는 느낌을 받았다. '나 때'만 해도 회사 생활에 대한, 즉 공동체에 대한 교육만 많았지 '자신'에 대해 배우고 느낄 수 있는 교육은 부족했었다. 이제 신입사원들에게, 갓 부화한 병아리들에게 자신의 정체성을 재확인하고 어떻게 삶을 살 것인가를 고민하는 시간을 주고 있었다. 변화해야만 꿈을 이룰 수 있다는 메시지를 전달해주고 있었다. 바람직한 교육 방향이었다. 나는 이것이 작은 시도지만 큰 성과를 낼 시도라는 생각이 들었다. 먼 훗날 사회 초년생들은 이날의 교육을 고마워할 것이다. 그리고 느낄 것이다. 위대한 변화의 시작이었다고. 자신들이 그 변화의 주역이었다고.

만년 팀장인 A가 있었다. 그는 입사 당시 동기들로부터 인기 만점이었다. 마이너리그 출신임에도 모든 사람들의 구심점이었고, 어느 모임에서나 청중을 휘어잡았다. 유머 감각도 뛰어났다. 노래도 잘 불렀고, 춤도 잘 췄다. 말술이었다. 연배와 연하 동기 사이의 중간자 역할도 훌륭히 해냈다. 여성 동기들에게는 영국 신사라고 불리곤 했다. 교육자와 피교육자와 사이의 중간자 역할도 원활하게 해냈다. 부서에서 윤활유 역할을 훌륭히 수행했다. 그는 상대를 존중할

줄 알았다. 지혜로웠다. 업무 능력도 괜찮은 편이었다. 딱히 흠 잡을 데가 없었다. 이 모든 것이 선천적으로 타고난 본성인 듯했다.

이런 A를 여기저기서 많은 사람들이 찾았다. 덕분에 그는 퇴근 후에도 항상 약속이 되어 있었다. 술을 자주 마시는 탓에 눈이 벌게 있는 모습이 자주 눈에 띄었다. 그런데 A는 차장까지의 진급에서는 동기보다 늦었다. 그는 업무에 대해 기술적인 면은 넓어졌으나, 깊이가 깊어지지 못했던 것이다. A는 물론 진급이 늦은 것에 실망했다. 그러나 곧 잊었다. 어떻게 하면 더 빨리 진급할 수 있는지 심각하게 고민하지 않았다. 직장인들에게 있는 일반적인 상황이라고만 받아들였다. 세월이 흘러 부장 진급 대상자가 되었지만 A는 계속 누락되었다. 이제 진급한 동기와 더 이상 유사한 업무도, 책임도 주어지지 않았다. A는 그제야 후회했다. 내실을 기하지 않은 과거를 후회했다. 변화의 기로에 섰던 것이다. 나아갈 것인가 물러설 것인가.

그런데 A는 후자를 선택했다.

'근무 시간에 주어진 업무만 열심히 하자. 월급이나 받으면 되지, 뭐.'

현재에서 변화하기를 포기한 것이다. 그러자 오히려 주위 사람들이 아쉬워했다. '아까운 능력을 가진 사람인데', '조금만 더 삶에 신경을 썼으면 더 좋은 상황을 맞이했을 텐데' 하며 혀를 찼다. 은퇴까지 A에게는 10여 년이 시간이 족히 남아 있었다. 그런 상황에서 그의 선택은 과연 옳은 선택일까? 은퇴의 순간에 그는 더 큰 후회를 하지 않을까? 그가 떠났을 때 후배들은 A를 어떤 사람이었다고 평가할까? 그의 자녀들은 그를 어떤 아빠라고 생각할까?

성실한 팀장 B의 고민이 시작됐다. B는 내성적이고 사교성은 조금 떨어지지만, 주어진 업무는 마감 일정 안에 무조건 끝내는 성품이다. 아무리 많은 양의 일이 주어져도 불평불만을 하지 않았다. 묵묵히 날밤을 새더라도 주어진 시간 안에 결과를 냈다. 업무 현장에서 긴급한 일들이 발생하면 스스로 맡아서 처리하기도 했다. 그런 B는 상사에게는 고마운 직원이고, 부하 직원들에게는 편한 상사다. 물론 회사에서 꼭 필요한 사람이다.

B는 진급도 제때 했다, 차장까지는 그랬다. 그는 마이너리그 출신의 성공적인 직장 생활 모델이 되었다. 그런데 B는 차장에서 안주했다. 실무 성격을 벗어나는 부장이라는 직위는 자신의 능력 밖이라고 생각했다. 함께 일하는 팀원들에게서 불만이 싹텄다. '팀장이 빨리 부장으로 진급해 자리를 옮겨야 우리도 줄줄이 승진을 할 텐데, 팀장은 왜 승진할 생각을 안 하지?', '욕심이 없는 건지, 관운이 억세게 없는 건지' 하고 불평을 터뜨렸다.

B는 혼란스러워진다.

'과연 현재의 위치에 안주한다는 것은 무슨 의미인가? 나로 인해 아랫사람들이 왜 피해를 본다는 말인가?'

B는 주위에서 다가오는 차가운 눈초리가 부담스럽다. 어쩐지 이 상황을 극복하거나 아니면 피하기라도 해야 할 것 같다.

'향후 거취는 어떻게 해야 하지? 차라리 퇴직하는 게 나을까?'

고등학생, 중학생인 자녀들이 눈에 어른거린다. 아내의 근심스런 모습이 다가온다. 퇴직이 답은 아니라고 생각한다. 그렇다고 지금처럼 가만히 있자니 뒤통수가 간지럽다. 따가운 눈총에 낯이 뜨겁다. 결국 B는 결론 내린다.

'앞으로 나가는 것이 최선의 방법이야. 결코 쉽지는 않겠지만 내가 살기 위해 변화를 택할 수밖에 없어.'

그날로 B는 변화를 위한 노력을 시작했다. 우선 자신의 상황에 알맞은 자기계발서가 무엇이 있는지 인터넷을 검색했다. 이렇게 그는 변화의 첫걸음을 옮겼다.

B는 지난날의 나다. 그 시절 변화를 시작해 대성하지는 못했어도 지금의 자리에 머물렀다. 지금 이 자리도 내게는 감사하다. 제3의 본성이 나를 이 자리까지 이끌고 온 것이다. 그런 면에서 내 인생은 성공적이다.

역량도 뛰어나고 모든 스펙을 다 갖춘, 그런 빵빵한 회사 선배 C가 있다. 선배는 국내 최고 대학 졸업증 및 박사학위까지 갖고 있다. 전문성도 갖추었고, 타인과의 협력에도 능숙했고, 조직에 공헌하고자 하는 마음까지 늘 충만했다. 정말 흠잡을 구석이 없었다. 앞서 소개한 A처럼 말이다. A와 다른 점이 있다면 C는 태생적인 메이저리그 출신이었다는 것뿐. C 역시 직원들의 사랑과 부러움을 독차지하며 승승장구했다. 결국 그는 직원으로서는 최고의 자리까지 올랐다.

그런데 피로감이 누적된 것일까? C는 이런 생각을 하게 되었다.

'쉬고 싶다.'

대부분의 직장인들은 쉬고 싶어도 쉬지 못하는 처지다. 그렇기에 C의 마음을 이해하기 어려웠다. 설마 그가 정말 쉴까라는 의문을 품었다. C는 정말 쉬었다. 모든 직책을 내려놓고, 자유로운 실무 담당자로 돌아왔다. 보통 사람들에게는 휴직이나 퇴사가 쉬는 것이겠지만, C에게는 실무자로 사는 게 쉬는 것이었다. C 본인에게는 실무자로 일하는 것은 백의종군과 다름없는 행동이었다. 다시 갓 입사한 신입사원과 같은 실무자가 된 C는 열심히 일했다. 당연히 능력자이기에 일을 잘했다. 후배 직원들과 어울려 한 팀의 팀원으로서 융합도 잘했다. 팀원들의 업무도 친절하게 도와주었다. C는 여전히 인기 있는 조직원으로 자리매김했다. 백의종군한 장군으로서 인생의 승전보를 울렸다.

후배 사원 D. 어느 날 나는 D에게 업무에 대한 나의 의견을 피력했다. 그의 보고서에 깨알 같은 글씨로 정말 자세하게 검토 의견을 달고, 딴에는 친절하게 설명했다. 한참 후배인데, 듣는 자세가 이상했다. 처음엔 고분고분하더니, 시간이 지나면서 싸한 기운을 뿜어냈다.

'뭐야? 내가 뭐 잘못한 게 있나?'

나는 순간적으로 나의 태도를 되돌아보았다. 딱히 어떤 잘못이 떠오르지 않았다.

'어쩐지 요즘 나를 대하는 눈초리가 예사롭지 않기는 했어. 어떻게든 소속팀에 기여하려는 나의 자세가 불편한가? 혹시 내가 잘 진행되어가고 있는 일을 방해한다고 생각하는 건가? 정말 그렇게 생각하면, 어쩌지? 그런 게 아닌데……'

망설였다. 계속 초지일관 설명할 것인가? 이쯤에서 멈출 것인가? 마음에 갈등까지 일어났다.

어영부영 D와의 대면을 마친 뒤 다시 한 번 곰곰이 생각했다. 나와 유사한 환경을 경험했던 선배가 분명 있었을 것 같았다. 그 선배는 어떻게 이 환경을 지혜롭게 극복했을까 궁금했다. 이후 나는 선배들을 찾아다니며 직접 조언을 구했다. 자기 계발서를 찾아 정독하기도 했다. 어떻게든 조직에 기여하려는 내 앞에 걸림돌처럼 나타난 D. D의 등장은 내게 변화가 필요한 시점이라는 것을 알려준 신호였다. 그래서 나는 변화를 시작한 것이다.

A, B, C, D. 이 네 사람 모두 우리 주변 사람들이며, 또한 우리 자신이다. 이 중에는 제1의 본성과 제2의 본성만으로 살아가려는 사람도 있고, 제3의 본성으로 변화를 꾀하는 사람도 있다. 여기서 삶은 수동적인 삶과 능동적인 삶으로 갈라진다. 진정 의미 있고, 아름답고, 행복한 삶은 어떤 삶일까? 굳이 그 대답을 여기 적을 필요는 없을 것 같다. 선택은 전적으로 자신의 몫이다. 부디 현명한 선택을 하기 바란다.

지금 본성의
온도는 몇 도?

본성에는 온도가 있다. 그 온도는 측정할 수 있다. 제1의 본성, 제2의 본성과 제3의 본성 모두 가능하다. 나의 경험에 비추어 이를 설명하고자 한다.

중년의 신사인 나는 어느 날 20여 층 높이의 사무실에서 창밖을 바라보고 있었다. 유치원 어린아이들이 선생님 지도 아래 야외 활동을 하는 모습이 보였다. 노랑 유니폼을 입은 어린이들이 각자의 호기심에 따라 각양각색의 꽃들에게 다가가 이야기를 주고받았다. 할 말이 얼마나 많이 있길래 저토록 재미있게 몰입하고 있는 걸까. 노랑 꽃에게는 무슨 이야기를 들려주는 걸까. 빨강 꽃에게선 또 무슨 말을 듣고 있는 걸까. 하양 꽃들과는 무슨 재미있는 이야기를 나누고 있는 걸까. 어떤 아이는 자그마한 나무에게 바짝 다가가 허리를 굽히고 속삭였다. 귓속말로 비밀을 전하는 것 같다. 궁금했다. 또 어떤 아이는 큰 나무 아저씨에게 푹 기대어 안겼다. 쉬고 싶은 모양이다. 어디서 왔는지 작고 예쁜 강아지도 아이들을 졸졸 쫓아다녔다.

언젠가 그때 그 풍경을 곱씹어보았다. 아이들은 누군가 시켜서 각자 대상을 찾고, 그 대상과 이야기를 나누었던 것이 아니다. 그 일은 아빠와 엄마가 누구인지, 조부모가 누구인지 하등 관계가 없다. 자연의 일원으로서 자연스럽게 물려받은 본성에 의해서 피조물들과 함께 어울린 것이다. 이런 특성은 천진난만한 어린이에게서 주로 나타나지만 꼭 그렇지만도 않다. 성인들에게도, 나이 지긋한 어르신들에게도 나타난다. 선천적 본성이 아직 남아 있기 때문이다. 유치원 어린이들의 행동은 선천적 본성에 따른 행동이다. 어린이들은 이 본성의 온도가 높기에 그런 행동을 자주 보이는 것이다. 즉 어린이를 닮아가면 갈수록, 자연과 비슷하면 할수록 선천적 본성의 온도는 높아지는 것이다. 반대로 어른스러우면 어른스러울수록 그 온도가 낮아지는 것이다.

이제 후천적 본성의 온도에 관해 이야기할 차례다. 본의 아니게 이웃 학생을 주인공으로 정했다. 어느 늦은 밤 귀가하던 나는 아파트 1층에서 한 초등학생을 만났다. 어쩌다 함께 엘리베이터를 기다리게 된 처지가 된 것이다. 초등학교 고학년으로 보이는 학생은 핸드폰을 만지작거리고 있었는데, 몹시 피곤해 보였다. 자기 몸보다 더 부피가 큰 가방을 매고 있어서 더더욱 그런 느낌이 들었다. 이 아파트에 20여 년 둥지를 틀고 살았지만 눈에 익지 않은 아이였다. 요근래에 이사 온 모양인가 싶어 조심스레 말을 붙였다.

"어디 갔다 지금 오니?"

학생은 낯선 아저씨의 인사에 흠칫 놀라는 듯했지만 그래도 대답을 건네주었다.

"학원에서 공부하다가요."

"몇 과목이나?"

"두 과목요."

"힘들었겠다. 꿈이 뭐니?"

"의사요."

"그래? 어떤 의사가 되고 싶은데?"

학생은 잠깐 당황하는 빛을 띠다가 대답했다.

"엄마가 의사가 좋대요. 그래서 의대 가려고 지금 준비 중이예요."

"그래, 좋은 꿈 갖고 있구나. 이 세상에 아픈 사람이 한 명도 없게, 미리 예방하는 훌륭한 의사가 되어라."

"네."

학생은 피곤한 듯, 귀찮은 듯 마지못해 대화에 임한 느낌이다. 엘리베이터 문이 열리자마자 기다렸다는 듯 그 속으로 몸을 던졌다.

그 학생의 부모는 어떤 사람일까 짐작해보았다. 아마도 학생이 태어나면서부터 의사로 키우겠다는 목표를 갖고 있었나 보다. 새 생명도 부모의 뜻에 동의를 했었으리라 추측된다. 성장하면서 주위 환경에 영향을 받으며 형성되는 제2의 본성. 나는 학생의 대답에서 그 본성의 온도를 감지했다. 엄마가 의사가 좋다고 해서 의대를 가겠다는 학생. 엄마의 꿈을 자신의 꿈으로 삼은 그 초등학생의 후천적 본성의 온도는 제법 높은 편이다. 내 개인적으로는 그다지 반길 일은 아니라고 본다. 엄마의 꿈과 자신의 꿈이 일치해서 온도가 높아진다면 좋은 일이겠지만, 현재는 걱정이 앞선다. 후천적 본성에 따라 살다가 훗날 그 학생이 어른이 되어 후회할 순간이 닥치지는 않을지 말이다.

한 가지 더, 내 딸 이야기를 보탠다. 언젠가 대학생 딸애가 엄마와 말다툼을 벌였다. 그날 나는 일찍 잠자리를 청했었다. 그런데 잠결인가, 꿈결인가 방 밖에서 말소리가 들렸다. 무심결에 엿들었다. 대학생인 딸과 아내 사이에 무엇인가 의견 충돌이 일어난 것 같았다. 둘 다 목소리가 높았다. 서로 지고 싶지 않은 모양이다. 한 치의 양보도 타협도 없다. 서로의 입장을 경청하려는 여유도 없는 듯했다. 꽤 오랜 시간이 흘렀는데도 다툼은 계속되었다. 그런데 가만 들어보니, 딸은 흥분하지도 않고 논리가 정연하다. 꼭 논술학원 다니면서 배운 논리 전개 방법을 응용하여 적용하는 것 같다. 아내는 논리에서 점점 약해지고 있고, 이젠 말투에서 서운하다는 감정이 묻어난다. '낳아서 여태까지 어떻게 키웠는데, 어떻게 엄마한테 이럴 수 있어'라는 원망이 어린 느낌이다. 그 느낌을 새기며 나는 혼자 생각했다.

'누가 그렇게 키웠냐고? 누구긴 누구야. 바로 나랑 당신이지. 치

열한 경쟁 사회에서 생존하려면 남에게 치여서 살면 안 된다고 우리가 그랬잖아. 당신한테 이기는 딸애가 잘 배웠구먼.'

다소 엉뚱하고 비약적이지만 일리 있는 생각이었다. 딸이 엄마와의 다툼에서 승기를 잡을 수 있었던 것은 교육의 결과였다. 다시 말해 후천적 본성의 발현이었다. 논리 정연한 사고와 논리 정연한 언어는 사회생활에 큰 도움이 된다. 어떤 조직이든 여론을 수렴하거나 정책을 수립할 때 논리를 바탕에 둔다. 따라서 논리 정연한 사고와 언어는 여론 수렴과 정책 세우기에 크게 기여한다.

당당한 딸, 거침없이 논리를 풀어내는 딸, 자신의 의견을 명쾌하게 표현하는 딸이 나는 자랑스러웠다. 나는 나의 딸이 제2의 본성을 발판 삼아 이 사회에 꼭 필요한 사람이 되리라는 것을 믿어 의심치 않았다. 그래서 기분이 좋았다. 딸 덕분에 우리 사회가 맑고, 밝고, 열린 사회가 될 것만 같았다.

제3의 본성의 온도에 관해 논하기 위해 '4차 산업혁명 시대'라는 키워드를 먼저 꺼낸다. 사실 나이 든 사람들에게 4차 산업혁명 시대라는 말이 얼마나 실감을 주는지는 잘 모르겠다. 아마도 '세상 참 빠르게 변한다'라는 느낌을 주는 정도가 아닐까 싶다. 그리고 어쩌면 이 느낌이야말로 본질을 담은 정답일 수도 있다. 그야말로 피부로 느껴지는 느낌일지 모른다.

현기증이 날 만큼 모든 것이 빠르게 변하는 시대다. 남보다 앞서는 일은 언감생심이고, 따라 가는 일조차 벅차다. 그나마 낙오되지 않으면 다행인데, 정신을 차리고 있지 않으면 금방 낙오자로 떨어지고 만다. 정신을 차린다는 것은 적어도 무엇이 변하고 있는지 정도는 인지하는 일이다. 스마트폰을 위시한 디지털 문화가 세상을 어떻게 바꾸고 있는지, 디지털에 익숙한 젊은 세대의 가치관은 어떻게 달라지고 있는지 등은 익히는 것이 좋다. 그러니까 4차 산업혁명 시대가 무엇인지는 잘 몰라도 그 시대에는 현 시점보다 더 많은 점이 변화할 것이라는 것 정도는 느껴야 한다. 가장 바람직한 것은 기성세대로서, 인생 선배로서 4차 산업혁명 시대의 풍경을 정확히 인지하고, 다음 세대에게 그 시대에 행복하게 살 수 있는 여건을 만들어주는 일이다. 그것이 제3의 본성의 온도를 높이는 일이다. 물론 이것은 결코 쉬운 일은 아니다. 제3의 본성의 온도를 높이는 데에는 본인의 열정적인 노력이 뒷받침되어야 하기 때문이다. 말 그대로 먹고살기도 빠듯한데 언제 그런 것까지 신경을 쓴단 말인가.

회사에서 있었던 일이다. 노사 간 의견이 계속 평행선을 달릴 때였다. 부서원들이 다 모였다. 분위기가 심상치 않았다. 노조에서 곧 폭탄선언을 할 수도 있다고 했다.

'어떻게 하면 상호간의 이견을 줄여 파국으로 내몰리는 상황을 타개할 수 있을까? 정말 방법이 전혀 없는 걸까?'

고민하고 있는 사이 젊은 직원들의 목소리가 울려퍼졌다. 그들은 노조의 입장을 목소리 높여 설명했다. 그러자 나이 든 직원들이 차분히 설득했다.

"지금은 때가 아닙니다. 조금 더 우리가 협력해서 많은 결과를 낼 때, 회사가 충분히 준비되었을 때, 요구사항을 관철시키는 것이 지혜롭고 현명한 방법입니다. 파국은 서로에게 유익한 것이 하나도 없습니다."

협의하는 과정에서 젊은 사람들과 나이 든 사람들의 사회적 본성의 온도 차이가 느껴졌다. 그래도 머리를 맞대고 해결방안을 모색한다는 것은 분명 의미 있는 일이었다. 양측 모두 제3의 본성의 긍정적인 발현을 이룬 것이다. 방식은 다르지만 오늘보다는 나은 내일을 위하여 서로 노력했기 때문이다.

사회생활을 하는 데 있어 사회적 본성은 중요하다. 선천적 본성과, 성장하면서 교육을 통하여 육성되는 후천적 본성만으로는 사회 진출 후 맞이하는 환경에 적응하기 어렵다. 극복하기는 더 어렵다. 울타리 안 세상에 비해 그 밖의 세상은 변화 속도가 무척 빠르고, 그 폭도 넓고, 깊이도 깊기 때문이다. 사회 초년생이든, 중견자이든, 고위급이든 사회적 본성은 늘 살아 있어야 한다. 그것이 죽으면 내일은 생각조차 하기 싫어진다. 어제와 오늘에 대한 회의도 종종 찾아온다. 자칫 삶 자체가 무의미하게 느껴질 수 있다. 그런 삶에 꿈이 있을 자리는 없다.

어떤 본성이든 온도는 중요하다. 그중에서도 중요도를 매기라면 제3의 본성이다. 제3의 본성을 올바른 방향 안에서 깨워내며 온도를 높이는 것이 가장 바람직하다. 그런 사람에게 꿈은 그 속살을 보여줄 것이다. 그러므로 온도를 유지하자. 스스로 온도를 체크하며 부지런해지자. 스스로 체크하는 것이 어렵다면 주변에 도움을 구하면 된다. 자신이 지금 최적 온도에 있는지 진단을 받는 것이다. 진단을 받으려는 그 태도 자체가 이미 적절한 온도를 유지하고 있다는 반증일 수도 있다. 중요한 것은 의지다. 변화하려는 의지!

chapter **2**

바꿀 수 없다는
생각에 대한 생각

왕후장상의 씨는
따로 있는가?

나는 대한민국에서 196×년에 태어났다. 196×년에 대한민국에서 태어났다는 사실은, 성장기의 사회적 환경이 격동기였다는 사실을 말해준다. 동족상잔인 6·25전쟁의 피해가 채 아물지 않아 하루하루 끼니를 걱정하던 시기였다. 우리나라는 전 세계의 최극빈국 중 하나였고, 그래서 초근목피하던 시대였다. 이웃들 모두 허리띠를 꼭꼭 졸라매던 시기였다. '더 이상 이런 빈곤을 대물림해줄 수는 없다'는 생각이 사람들의 마음과 마음이 하나로 묶은 시기였다. 일치단결하여 산업화를 이루려고 모두가 발버둥 쳤다. 누구나 물불가리지 않고 잘살기 위해서는 어떤 것이라도 했다. 인권 신장과 정치적 민주화는 뒷전이었다. 많은 사람들이 잘사는 것을 꿈으로 삼았다. 시대적 배경이 그런 꿈을 심어 주었다. 시대적 배경은 곧 환경이다. 환경은 본성을 형성하는 큰 영향을 미치는 요소이다.

잘사는 것이 꿈이던 시절 나는 시골 농촌에 살았다. 중앙 정부와 격리된 곳이라고 해도 과언이 아니었다. 통신 수단도 대중교통 수단도 없었다. 그런 이유로 인적 교류도 드물었다. 20세기여도 시골은 시골이었다. 나는 그런 곳에서 가난한 농부의 장남으로 태어났다. 주어진 환경이 궁에서 태어난 왕자와는 180도 달랐다. 그곳에는 후천적 본성을 계발시킬, 훈련시킬 교육 기관도, 제도도 없었다. 나는 흙속에서 태어나, 자연과 함께 뒤엉키어 생활했다. 생명을 유지하기 위한 생존 방법은 부모로부터 배웠다. 덕분에 나의 최고 관심사 및 최대 임무는 '주어진 자연 환경 속에서 어떻게 하면 가족들을 배 곯리지 않고, 등 따뜻하게 부양하는가'가 되었다. 그것을 수행하기 위해 나는 할아버지와 아버지가 했던 것처럼 계절이 변화하는 것을 유심히 지켜보았다. 보리씨를 뿌릴 때와 볍씨를 뿌릴 때와 고추를 심을 때를 알기 위해서였다. 하늘을 보고 땅을 보고, 자연의 변화를 지켜보면서 최적기를 알아내는 지혜를 터득했다.

내가 자란 곳에 인간적 소양이나 인품에 대한 기준은 없었다. 나는 그런 것이 있는지조차 몰랐고, 알아야겠다는 마음조차 먹지 못했다. 그저 부모님의 언행으로부터 보고, 익혔다. 그곳은 폐쇄된 곳이었기에 그게 전부인 줄 알았고, 그러면 되는 줄 알았다.

개방되지 않은 공간은 격리되고 닫힌 사회를 만든다. 그런 사회의 구성원들은 그곳에서의 삶이 최고라는 착각에 빠지기 쉽다. 나 때도 그랬고, 더 옛날에는 더 그랬다. 과거 한국 사회는 내가 자란 시골과 같지 않았는지 반추할 필요가 있다. 그래서 많은 사람들이 선천적 본성에만 얽매여 후천적 본성을 계발하지 못한 채 살지는 않았는지, 제3의 본성은 생각할 여지조차 없었는지 되돌아볼 필요가 있다. 그리고 그것이 우리의 나라를 팍팍한 헬조선으로 만드는 데 일조하지는 않았는지 질문을 던져야 한다. 이제는 적어도 폐쇄된 환경의 대물림만큼은 사라져야 마땅하다.

1990년대 싱가폴 창하이 국제공항. 청사 창밖으로 보이는 하늘은 구름 한 점 없이 쾌청했다. 오고가는 사람들의 얼굴도 날씨처럼 훤했다. 공항의 직원들도 진실되게 친절했다. 내 눈에 그들의 얼굴에서는 행복함이 묻어났다. 나와 피부색도, 체격도 비슷해서인지 더 그렇게 느껴졌다.

입국 심사를 할 차례였다. 그 시절 나는 삼십대 중반이었고, 난생처음 동남아 출장길에 오른 터였다. 그러나 낯설고 두려운 기분보다는 설렘과 여유가 더 넘쳤다. 입국 심사를 기다리면서 낯선 사람들과 간단한 대화도 나누고, 인사도 나눌 정도였다. 내 차례가 되어 입국 심사를 받을 때도 자연스럽게 심사자와 웃음을 주고받았다. 그는 오랜만에 만난 이웃집 아저씨 같았다. 따뜻한 분위기는 계속 이어졌다. 나는 공항을 나와 평안한 상태로 렌터카를 직접 운전해 유유히 사라졌다. 문득 궁금했다. 이 평화로운 분위기는, 여유 있는 마음과 태도는 어떤 배경에서 나온 것일까?

비슷한 시기 미국 LA 국제공항. 공항 설비의 규모부터 압도적이었다. 아기자기한 아름다움은 없었다. 거대한 규모가 이 공항의 자랑인 듯했다. 위축이 됐다. 왠지 우리나라와는 근본부터 다른 느낌이었다. 입국을 기다리는 사람들도 뭔가 쫓기는 듯한 모습이었다. 어디론가 서둘러 갔고, 어디에선가 바쁘게 왔다. 체격도 천차만별이었다. 엄청나게 큰 사람도, 나와 비슷한 사람도 있었다. 무엇을 먹고 사는지 정말 뚱뚱한 사람도 많았다. 진짜 총인지 가짜 총인지 허리에 총을 찬 공항 경찰들은 로봇처럼 여기저기 순찰했다. 감시당하고 있는 듯한 느낌이 들었다. 세상에 태어나 출장을 이유로 미국 땅에 첫발을 들인 동양 출신의 30대 중반의 신사. 누군가 그를 보았다면 얼굴에 초초한 빛이 가득하다고 했을 것이다.

30대 중반의 초조해 보이는 신사인 나는 손에 메모한 종이를 수시로 보면서 중얼거렸다. 입국 심사 시 예상 질문에 대한 답이다. 주위 사람들과 인사도 형식적으로 나눴다. 이국적인 환경을 느끼지도, 즐기지도 못한다. 드디어 입국 심사. 심사자는 서류를 보고 내 얼굴을 한번 쓱 쳐다보더니 한마디도 물어보지도 않았다. 싱겁게 입국 심사대를 나왔다. 그제야 얼굴이 펴지며 안도의 한숨을 내쉬었다. 공항을 빠져나와 담배 한 대를 꺼내 물었다. 깊이 들마시고 길게 연기를 내뿜었다. 뭔가 하나의 큰 고비를 넘겼다는 기분에 젖어들었다. 문득 궁금했다. 안도의 의미이다. 이 무거운 분위기는 어떤 배경에서 나온 것인가? 왜 나는 무언가에 쫓기는 듯한 기분마저 드는가?

창하이 공항과 LA 공항 입국 장소의 분위기가 달랐던 원인은 무엇일까? 세월이 흐른 지금 그 원인을 명확히 알게 되었다. 그래서 저절로 입가에 웃음이 난다. 입국자가 태어난 나라와 방문국의 국제적 위상이, 즉 환경이 근본 원인이었다. 싱가폴은 우리와 위상이 비슷하니 주눅 들지 않았던 것이고, 미국은 우리보다 한참 높으니 알아서 위축되어 어깨가 축 처진 것이다. 내가 태어난 환경(장소, 시기, 국력, 등) 조건이 방문국과 다르기 때문이다. 역지사지로 싱가폴 국민이 대한민국을 방문해서 입국 심사를 기다린다면 어떤 모습일까? 또한 미국 국민이 한국을 방문했을 때는 또 어떤 태도를 보일까? 여하튼 자신들이 태어난 곳의 환경에 따라 각각 다른 모습을 보였을 것이다. 환경의 힘은 그만큼 크다.

환경의 힘이 비록 크지만 그렇다고 후천적 본성을 바꿀 수 없는 것은 아니다. 얼마든지 바꿀 수 있다. 일단 물리적 환경, 즉 사회 인프라를 바꾸는 것으로도 가능하다. 일례로, 도심에 녹지를 만들어 자연을 만끽하게 하거나, 농촌에 문화 시설을 늘려 마음의 양식을 한껏 제공하는 것이다. 개인 차원에서도 가능하다. 거듭 이야기하지만 변화의 의지로 후천적 본성을 바꿀 수 있다. 환경이 지배당하지 않을 수 있다.

"왕후장상의 씨가 따로 있겠느냐?"

사극을 보다 보면 심심치 않게 들리는 대사다. 신분이 아니라 실력이 중요하다는 뜻이 담긴 말이다. 오늘 우리 시대는 완벽하지는 않지만 그래도 실력 있는 사람이 대접받는 풍토가 상당히 정착되었다. 태생적인 왕후장상의 씨가 아니어도 노력 여하에 따라 성공의 반열에 오를 수 있다. 비근한 예이지만 요즘 방송가의 효자 프로그램인 각종 오디션 프로그램만 보아도 이를 뒷받침할 수 있다. 트로트 가수의 자녀로 태어나지 않았더라도 오디션 프로그램을 통해 '트로트의 왕'이 되는 사건을 온 국민이 직접 목격했다.

왕족으로 태어났다고 해서, 그로 인해 자동으로 왕이 되었다고 해서 가만히 있어서는 훌륭한 왕이 될 수 없다. 왜 조선의 제4대 임금 세종은 위대한 왕이 되었는가? 변화했기 때문이다. 세종은 중국과 양반들의 반대를 뿌리치고 문자 개혁을 했으며, 백성을 위해 각종 적폐 제도들을 뜯어고쳤다. 여성의 한계를 벗어나려 애쓰며 지혜로 나라를 다스린 선덕여왕은 어떠한가? 고구려를 강대국으로 만들려 고군분투한 광개토대왕은 또 어떠한가? 우리의 역사가 생생하게 증언하고 있다. 성공의 열쇠는 변화라는 것을.

후회와 걱정
그리고 지혜

사회 초년생들이 소주 한잔하고 있다. 돌구이판 위에서 삼겹살이 누렇게 변하고 있다. 서너 개의 젓가락이 바쁘게 구이판 위를 왔다 갔다하며 삼겹살을 앞뒤로 뒤집는다.

갑자기 소주잔이 내 눈앞에 떴다.

"건배!"

한 젊은 친구가 힘차게 외쳤다.

"우리의 새로운 삶의 시작을 위하여!"

다른 친구들이 응답했다.

3월 어느 날 저녁 소주집의 분위기는 그렇게 달아올랐다.

회사가 운집해 있는 도심 속의 뒷골목, 음식점들이 운집해 있다. 내게는 이곳이 인간 냄새가 가장 많이 나는 곳이다. 그날 동기들이 서로 위로한다는 명분으로 술자리가 마련됐다. 사수한테 한소리 들었단다. 동기는 몇 잔을 연거푸 넘기더니, 심각한 표정으로 넋두리를 늘어놓았다.

"이런 대접을 받고 살아야 하나? 이놈의 회사 다녀야 돼?"

학교 다닐 땐 꿈이 있었단다. 원대하고, 아름답고, 귀중한 꿈. 항상 현실처럼 미래를 그렸단다.

"미국 유학 가서 학위 받고, 금의환향해서 모교에 부임했다. 후배들과 열심히 대화한다. 가장 보람 있고 가치 있는 학창 시절은 어떤 것인지. 누릴 수 있는 방법이 무엇인지, 인생이란 무엇인지? 사랑이란 무엇인지 허심탄회하게 후배들과 이야기한다. 밤이 새도록."

동기는 담배 연기 한 모금을 입안에 머금었다가 허공에 내뿜었다. 꿈이 연기가 되어 허공으로 사라져가고 있는 것 같았다. 정말 열심히 준비 했단다. 전공 공부는 물론 외국어 시험인 토플(TOFLE), 지알이(GRE)까지. 깡촌 출신인 자신이 신분을 변화시킬 수 있는 방법은 그 길이 유일했기 때문이란다. 대학 생활의 다른 모든 것을 뒤로 물렸단다. 한 움큼의 담배 연기가 이번엔 가슴속에 깊이 들어갔다 밖으로 나왔다.

"대학원들 여러 곳에 지원서를 내고, 허가서가 오기만 기다렸어. 몇 곳에서 허가서가 왔지만, 학비도 저렴하고, 지명도도 있고, 전공하고 싶은 과정도 있고, 입학하고 싶어 했던 대학원에서는 오지 않더라고."

그래서 동기는 꿈을 접었단다. 동기는 소줏잔에 술을 가득 채워

든 채 말을 이었다.

"여기가 그곳인지, 그곳이 여긴지······."

동기의 눈가에 이슬이 맺혔다. 삶의 방향이 바뀐 것에 대한 서운함과 아쉬움이 눈빛에 가득 배어 있었다. 동기는 미래에 대한 불확실성을 극복하지 못한 것이다. 그 당시에 말이다.

내 가슴이 아려왔다. 지나간 생각과 결정에 대해 후회는 누구에게나 아픈 법이다. 그것을 지켜보는 것도 아픈 일이다.

중년에 접어든 사람들이 대포 한잔하기 위해 모였다. 내가 평소 존경하던, 5년 전 은퇴한 선배 한 분을 모신 자리였다. 선배가 오랜만에 시간 여유가 나서, 어제의 용사들이 모였다. 지난날 한 팀에서 일했던 사람들이다. 모두 선배와 함께했던 후배들인데 지금은 부서장, 사업 책임자 등으로 모두 승진했다. 소위 현재 잘 나가고 있는 인재들이다.

"선배님이 좋은 모범을 보여주셔서 덕택에 이런 위치에 있게 되었습니다."

훈훈한 덕담들이 오고갔다. 그리고 선배와 함께 일했던 시간을 회상했다. 그야말로 옛날 옛적 건설 현장 파견 시절이었다. 선배가 팀장이었고, 우리 모두는 팀원이었다. 우리 모두는 계획된 프로젝트 스케줄을 맞추기 위해 그야말로 혼연일체가 되어 밤을 낮 삼아 땀 흘려 일했다. 한 땀 한 땀 목표가 달성되면, 소주 한잔으로 서로서로

수고를 위로하는 자리를 갖곤 했다. 옛 시절을 안주 삼아 우리는 그렇게 즐거운 시간을 보냈다.

그런데 유독 한 친구만 조용히 자리를 지키고 있었다. 예전과 다르게 말없이 사람들의 이야기를 듣기만 했다. 그 친구는 어제의 분위기 메이커였고 가장 사랑을 많이 받은 사람이었는데 말이다. 그 친구의 마음을 어렴풋이 헤아릴 수는 있었다. 그는 현재 우리와 다른 길을 걷고 있었다. 그런데 새로운 곳에서 새롭게 구성된 팀의 팀장, 팀원들과 잘 어울리지 못했다. 이곳저곳 부서를 왔다갔다하면서 방황하고 있었다. 위축된 그를, 그의 마음을 알아본 선배가 한마디 했다.

"인생 100세 시대인데, 벌써 다 살았나? 과거는 잊고 새롭게 출발해야지. 옛날 옛적 그 순수한 마음과 쇠를 녹일 듯한 열정으로 말이야."

그 친구를 위해 네 잔의 소주잔이 허공을 가르며 한곳에 모였다. 그런데도 친구의 얼굴은 활짝 피어나지 않았다. 후회하는 빛이 역력했다. 참지 못하고 뛰쳐나온 어제를 되새기며 후회하는 듯했다.

지긋한 연세의 노인들이 가장 '후회'하는 것이 있단다. 바로 '수많은 후회와 걱정거리를 안고 살아온 것'이라고 한다. 후회는 과거와 걱정은 미래와 연관되어 있다. 후회는 과거에서 벗어나지 못하는 행동이며, 걱정은 미래를 저당 잡히는 행동이다. 그리고 두 가지 모두 현재를 망가뜨린다. 사실 단 한 번의 후회도, 1초의 걱정도 안 해 본 사람은 존재하지 않을 것이다. 누구나 살면서 어느 시점에 후회와 걱정을 한다. 중요한 것은 그것을 빨리 털고 일어서는 것이다. 후회와 걱정으로 하루하루가 점철된다면 훗날 '후회와 걱정이 전부'인 인생으로 남을 것이다. 위에 소개한 나의 동기와 동료도 행여 그런 인생이 되지 않을까 염려스럽다. 후회와 걱정은 짧을수록 좋다.

걱정에 대해 조금 더 첨언하고자 한다. 걱정의 실체는 대체 무엇일까? 미국 메사추세츠 종합병원에서 정신과 상담의사로 평생 활동했던 조지 월튼박사는 이렇게 말했다.

"걱정의 40%는 절대 현실에서 일어나지 않으며, 걱정의 30%는 이미 일어난 일에 관한 것이다. 걱정의 22%는 할 필요가 없는 사소한 것이고, 4%만이 우리가 바꿀 수 있는 것이다. 나머지 4%는 우리 힘으로도 어쩔 수 없는 것이다."

결국 우리는 걱정해도 소용없는 96%를 걱정하면서 살고 있는 꼴이다. 우리 삶 속에서 4%만 걱정하면 되는데 말이다. 하루 24시간 중 보통 8시간을 수면 시간으로 빼놓고, 활동 시간 16시간 중에서 걱정이 차지하는 시간은 4% 비중인 38분이다. 우리에게는 하루에 딱 38분만 걱정의 시간이 주어진 것이다. 그러므로 지나치게 걱정하지 말자. 4%의 걱정거리로, 나머지 96%의 삶이 지배당해서야 되겠는가.

상투적인 이야기지만, 시간은 누구에게나 무한정 주어지지 않는다. 시위를 떠난 화살처럼 지나간 과거의 시간은 되돌릴 수 없다. 후회를 해봤자 '시간낭비'일 뿐이다. 또한 다가오는 미래에 대한 걱정은 우리의 힘으로 바꿀 수 없다. 그것 또한 효과적인 시간의 사용이 아니다. 현재의 시간에 최선을 다하는 자세야말로, 하늘이 감동할 만큼 최선을 다하는 자세야말로 우리에게 주어진 신성한 시간에 대한 예의이다. 과거를 후회하고 미래를 걱정하는 태도를 전향적으로 바꾸자. 그것이 지혜로운 행동이다.

인생을 결정하는 사고방식

교세라의 창업주 이나모리 가즈오는 '인생, 일의 결과 = 사고방식×열정×능력'이라는 공식을 제시했다. 인생이나 일의 결과는 사고방식, 열정, 능력이라는 세 가지 요소의 곱으로 나타낼 수 있으며, 이 중 열정과 능력은 조직 사회에서 서로 반비례적인 경향이 있는 것이다. 능력이 출중하면 열정이 떨어지고, 능력이 떨어지면 열정이 높아진다는 것이다.

우리가 여기서 주목할 점은 사고방식, 열정, 능력이 인생과 일의 결과를 결정하는 핵심 인자들이라는 사실이다. 그리고 한 가지 더 눈여겨볼 점은 '사고방식'이 바로 제3의 본성과 깊은 연관이 있다는 것이다. 글머리에 밝혔듯이 제3의 본성, 즉 사회적 본성은 사회에 진출한 후 갖게 되는 사고방식, 태도, 자세 등이다.

사고방식으로 조직 사회에서의 열정과 능력의 반비례 관계를 조율할 수 있다고 생각한다. 즉 능률이 출중해도 열정이 떨어지지 않도록, 열정만 높고 능력은 떨어지는 상황이 벌어지지 않도록 전환할 수 있다. 다시 말해 열정과 능력의 정비례 관계를 창출할 수 있다. 사고방식만 바꾼다면, 가능하다고 믿는다.

인생과 일의 결과는 천차만별이다. 똑같은 조건과 환경이 주어졌음에도 불구하고, 누구는 높은 목표를 달성하는데, 다른 이는 낮은 목표도 달성하지 못한다. 그 원인은 어디에 있는 것인가? 바로 일을 대하는 사고방식의 차이이다. 그 다름의 폭이 성공 혹은 실패를 낳는 것이다. 그 커다란 차이가 나게 하는 것이다. 마이너스적 사고방식을 가지면 인생 전체가 마이너스로 추락하고, 플러스적 사고방식을 가지면 인생 전체가 플러스로 상승한다. 플러스적 사고방식을 가지면 목표 이상을 달성하게 되는 경우도 종종 생긴다. 그만큼 사고방식은 삶의 결과를 결정하는 중요한 인자이다.

조직 사회를 대표하는 직장이라는 곳을 살펴보자. 어떤 직장에 들어온 사람은 대부분 꿈을 가지고 있다. 물론 그 꿈의 크기나 종류는 각양각색이다. 그저 착실하게 월급 받아서 가족을 잘 부양하겠다는 생각도 그 사람에게는 꿈일 수 있다. 여하튼 꿈이 있는 사람들이 모인 직장에서 꿈을 이룰 수 있는 방법은 무엇일까? 여러 가지 대답이 나올 수 있겠지만, '진급'을 무시하기는 어려울 것이다. 진급은 단순히 월급이 오르는 일이 아니라 그만큼 성과와 경력을 인정받는 일이기도 하다. 따라서 직장인에게 진급은 꿈을 이루는 일일 수 있다.

진급을 바라보는 직장인들의 생각은 다양하다. 어떤 사람은 팀 조직에서 팀장을 마음에 두고, 어떤 사람은 몇 개의 팀들을 포함하는 부서장을 목표로 세우기도 한다. 또 다른 사람은 회사의 경영진인 본부장 혹은 CEO를 목표로 삼는다. 아니, 그 이상을 마음에 품는 사람도 있다. 그런데 모두가 그 꿈을 이루지는 못한다. 누구는 꿈과 목표의 폭이 점점 넓어지고 높아만 가는데, 누구는 현상 유지도 버거워한다. 오히려 하향 축소되어 가는 사람도 있다. 이유가 무엇일까? 동기보다, 아니 후배보다 뒤지는 상황까지 연출되는 것을 어떻게 설명해야 하나?

역시 나는 사고방식의 차이라고 본다. 직장생활은 만만치 않다. 세월이 흐를수록 여러 난관을 만난다. 늘 꽃길만 걷는다는 건 불가능하다. 그런 직장생활에서 플러스적 사고방식을 갖는 사람만이 발전하고, 살아남는다. 마이너스적 사고방식으로는 현상 유지만 해도 대성공이다.

어떤 꿈이든, 회사 내에서 꿈을 갖고 있다면 자신의 모든 관심을 '어떻게 꿈을 이룰 것인가'에 초점을 맞추도록 하자. 그 생각을 항상 마음속에 품고 다니도록 하자. 주위 환경의 조그만 변화도 그 꿈을 이루는 방법에 관련이 있다면, 흘려버리지 말고 잘 챙겨두도록 하자. 자신이 보고, 듣고, 경험한 모든 정보를 활용해 그 변화를 소화해내고 자신의 것으로 만들자. 틈틈이 기존의 실천 계획을 점검하고, 보완할 사항이 있으면 즉각 수정한다. 꿈을 이루어가고 있는 여정을 점검하고, 더 좋은 실천 방안이 있다면 과감히 적용한다. 오늘을 어제보다 더욱더 꿈에 다가가는 하루로 만드는 것이다. 그렇게 하면 난관에 부딪치더라도 맞서 싸울 수 있는 힘이 생긴다. 잠시 낙망할 수는 있겠으나 다시 일어설 수 있는 의지가 솟는다.

회사 내에서 팀장이든 부서장이든, 어떤 책임자의 자리에 있는 사람이라면 구성원들이 플러스적 사고방식을 가질 수 있도록 리드하는 것이 중요하다. 그런 리더가 훌륭한 리더이다.

나의 동기 중 한 명은 늘 명랑했다. 활력이 넘쳤다. 직장 생활이 너무 재미있다고 했다. 동기의 밝은 태도는 다른 사람들에게 행복 바이러스가 되었다. 궁금했다. 동기의 저 밝음은 어디서 비롯된 것일까? 비밀은 동기가 속한 팀의 팀장에게 있었다. 그 팀은 팀 전체 분위기가 좋았다. 팀장은 수시로 팀의 분위기를 살피며 활력을 불어넣었다. 업무에 대해서는 본인이 전문가답게 체득한 뒤 팀원들에게 정확하게 확신을 가지고 알려주었다. 그것은 팀원들에게 신뢰를 심어주었고, 업무 만족도를 높여주었다. 깊은 신뢰와 높은 업무 만족도는 팀원들 스스로 플러스적 사고방식을 만드는 데 일조했다.

나의 동기는 나날이 변해갔다. 그 팀장처럼 변해간 것이다. 그렇게 변해가는 데 그리 오랜 시간이 걸리지도 않았다. 플러스적 사고방식이 일상의 습관화가 되어 사람 자체가 변한 것이다.

팀원들은 대체로 팀장에게 업무뿐 아니라 업무 자세, 직장생활의 마인드 등도 배운다. 그러므로 팀장이라면 상기한 팀장처럼 행동하는 것이 바람직하다. 다른 한 팀장을 소개한다. 그는 성격이 조용하고 내성적이다. 주어진 업무만을 성실히 수행하는 스타일이다. 그런데 완벽주의자다. 그는 팀원이 작성해온 모든 서류를 검토하고, 검토하고, 또 검토했다. 서류의 종류에 따른 경중도 따지지 않았다. 그에게는 완벽한 서류만이 존재해야 했다. 또한 계획된 업무는 모두 일정에 맞게 끝내야 만족해했다. 인력이 충분한 것도 아니었는데 팀원들이 일정을 넘기는 것을 용납하지 않았다. 게다가 새로운 현안이 갑작스럽게 발생이라도 하면, 즉각 업무를 가중시켰다.

이런 분위기 속에서 그 팀은 매일매일이 전쟁터였다. 팀원들은 밥 먹듯 야근을 했다. 긴장의 연속이었다. 하루도 마음 편한 날이 없었다. 토요일, 일요일도 반납했다. 일주일이 월화수목금금금이다. 팀원들이 긴장을 풀 수 있는 방법은 가끔씩 술잔을 기울이는 것뿐이었다.

그런데 정말 중요한 문제가 있었다. 팀원들이 이런 팀장에게, 이런 팀 분위기에 익숙해져버린 것이다. 변화의 필요성을 전혀 느끼지 않는 것은 아니었지만, 그냥 적응하며 살기를 선택한 것이다. 이 경우 정말 걱정되는 것은 팀원의 미래다. 팀원들이 훗날 책임자의 자리에 올랐을 때 이 팀장처럼 행동할 가능성이 높기 때문이다. 학습과 답습의 효과다. 그들 중에는 '개선해야지'라고 느끼면서도 어느 순간 과거의 팀장처럼 행동하고 있는 자신을 발견하고 놀라는 사람이 나올지도 모른다.

　사고방식의 중요성은 강조하지 않을 수 없다. 언제 어디서든 중요하지만, 직장생활에서는 특히 더 중요하다. 말했듯이 직장은 꿈이 피어나는 곳이며, 꿈을 이룰 수 있는 공간이기 때문이다. 제3의 본성이 요구되고, 큰 영향을 미치는 사회이기 때문이다. 꿈을 이루지 못한 삶은 아무래도 행복해지기 어렵다. 그렇기에 직장에서 꿈이 깨어지면 직장생활이 괴로워지고 삶이 어두워진다. 플러스적 사고방식으로 무장할 필요가 있다. 그 무기로 자기 자신과 이 세상과 멋진 싸움을 펼쳐보자. 그것은 선한 싸움이므로 얼마든지 싸움을 벌여도 좋다.

제3의 본성으로
성공한 사람들

성공을 낳는 본성이 있다. 눈치 빠른 사람은 바로 눈치 챘겠지만, 제3의 본성이다. 제2의 본성인 후천적 본성은 변화된 환경에 적응하기 위한 기본적인 자질은 되지만, 그것만으로는 부족하다. 자신과 타인, 그리고 조직을 위한 유용한 결과물을 효과적으로 만들어내는 데는 충분하지가 않다. 사회로 진출해서 최적화된 역할을 하기 위해서, 다른 사람의 가치 창출에 기여하기 위해서, 또한 자신의 꿈을 이루기 위해서 제3의 본성이 필요하다.

지난날에 비해 환경은 변했고, 지금도 현기증 나게 변하고 있다. 어떤 생각으로, 어떤 태도로, 어떤 자세로, 어떻게 환경을 극복하느냐 하는 것을 아는 것이 급선무다. 이는 일생의 꿈을, 삶의 소명을 이루기 위한 기본적인 조건이고, 최선의 길이기 때문이다. 노력하고, 계발해야 한다. 유연성, 변화성, 확장성을 갖춰야 한다. 생각과 태도가 훈련되고, 실천성이 습관화되어야 한다. 이 모든 것이 바로 사회적 본성, 즉 제3의 본성이다.

선배 A는 회사에서 아주 좋아하는 사람이었다. 그는 서구적인 사고방식을 갖고 있었다. 우선 회사에서는 당시 일반적으로 쓰던 형님, 아우라는 호칭부터 사용하지 않았다. 정에 얽매인 생활은 질색했다. 공과 사를 확실히 구분했다. 업무에서는 모든 사항들에 대해 합리적으로 접근했다. 서구적이다. 한국적인 사회 배경에 익숙해져 업무를 하는 주위 사람들과는 판이하게 달랐다. 언제나 보편타당한 가치를 잣대로 삼았다. 그것이 틀린 것은 아니니, 사람들은 따를 수밖에 없었다. 정시 출근하고 정시 퇴근했다. 업무 시간엔 단 한마디 잡담도 하지 않았다. 업무 중 가벼운 농담 정도는 필요하다고 여기는 사람들에게는 그것이 껄끄러웠다. A는 정말이지 한 치의 빈틈이 없었다. 항상 책을 갖고 다니며 조금이나마 사적인 시간이 나면 책을 읽었다. 이런 그를 함께 일하는 외국인들은 무척 좋아했다. 존경한다는 표현까지 썼다. 상사들도 그를 칭찬했다. 나를 비롯한 아랫사람들에게 그의 모습이 우리가 나아가야 할 미래의 모습이라는 말까지 했다. A는 우리의 방향이 된 것이다.

어느 주일날, 나는 아내와 아이들과 뒷산을 거닐고 있었다. 그런데 낯익은 얼굴이 보였다. A였다. 그는 나무와 나무 사이에 줄을 치고 자녀들과 그곳에 걸터앉아 책을 읽고 있었다. 주일에는 항상 가족과 함께한단다.

"이렇게 가족들과 산에 가든지, 바닷가를 가든지, 이것이 사는 즐거움이고, 행복이지."

웃으면서 그런 말을 하는 A가 왠지 부러웠다. A가 진정 완벽한 사람으로 보였기 때문이다. 회사에서야 완벽하다는 걸 익히 알고 있었지만 가정에서까지 완벽한 남편이고 아빠인 줄은 몰랐었다. 그러고 보니 A는 운동도 만능이었다. 특히 야구는 수준급이었다. 그는 건강을 지키기 위해 하루도 빠지지 않고 새벽마다 달리기를 하는 사람이었다. 비가 오나, 눈이 오나, 바람이 부나.

그런 A가 오십 초반에 불쑥 캐나다로 이민을 떠났다. 회사에서는 아무도 그런 낌새는 느끼지 못했었다. 현재 그는 이국에서도 성공적으로 정착하고, 아름다운 인생을 만들어 가고 있다.

언젠가 A가 회사에 들렀다. 이민 생활 도중 잠시 한국에 귀국했을 때였다. 옛정이 그리워서 근무하던 회사를 찾아온 것 같았다. 반가운 마음에 소주 한잔을 기울였다. 이런저런 얘기가 오고 갔다. 그러던 중 내가 단도직입적으로 물었다.

"이민은 왜 가신 거예요? 함께 일하다가 그렇게 튀시면 어쩝니까?"

그가 멋쩍어 하며 대답했다.

"계기가 있었어."

"어떤 계기요?"

"나는 회사를 다니면서 스스로에게 항상 자문했어. '직장 생활을 어떻게 하면 멋지게 할 수 있을까? 나의 꿈을 이루는 것과 현업을 어떻게 조화 시킬까?' 하고 말이야. 균형이 무너지거나, 조화가 깨지면 직장 생활을 포기해야겠다고 마음먹기도 했고."

솔직히 조금 놀라웠다. 완벽한 A가 그런 고민을 하고 있을 줄을 몰랐었다.

"어떤 선배님이 조언을 해주더군. 꿈은 이룬, 성공한 사람들의 책을 보라고. 그게 꿈을 달성하는 방법이 될 수 있다고."

A는 그 조언대로 책방에서 이것저것 유사한 책들을 사서 읽었다고 했다. 그리고 깊이 고민하다가 결론을 내렸다고 했다.

"꿈을 이루려면 이른바 '튀는 행동'이 필요하다는 거였어. 그 튀는 행동이 나한테는 이민이었지." A는 고백하듯 말했다. 열심히 살았지만, 직장 생활을 하면서 자신의 꿈을 이루기에는 한계에 부딪혀 이민의 길을 선택했다고.

"그래서 지금의 삶에는 만족하시나요?"

A는 웃음을 입에 가득 문 채 대답했다.

"아주 만족해. 이민 생활이 내 가치관과 궁합이 잘 맞아, 하하하."

A의 웃음에서 거짓이라고는 찾아볼 수 없었다. 그는 정말 행복해 보였다.

B는 정말 열정적인 사람이다. 한국에서는 은퇴했을 나이에 이억

만리 타국에서 외국회사에 적을 두고 열정적으로 일하고 있다. 입사한 후 거의 매일 제일 늦게 퇴근했다고 한다. 그는 이런 말까지 자신 있게 한다.

"우리나라에서, 아니 전 세계에서, 내가 일하고 있는 분야에서 나보다 더 많이 아는 사람이 있으면 나와 보라고 해."

호언장담하는 B에게 허세는 없다. 관련 전문가들도 그를 인정하기 때문이다.

B의 일하는 스타일은 타의 추종을 불허한다. 그의 업무 스타일은 문제가 발생했을 때 빛을 발한다. 그는 문제가 생기면 정확히 원인을 파악하기 위해 필요한 모든 노력을 기울인다. 직접적인 당사자뿐만 아니라, 주위에 조금이라도 관련이 있는 사람들에게 모두 직간접적으로 물어보고 객관적으로 사실을 파악한다. 이후 전문가들이 참여한 회의를 통해 원인 진단과 적절한 처방을 내린다. 즉, 해결책에 대한 방향 설정을 하는 것이다. 방향 설정이 완료되면, 업무 추진 조직과 향후 계획을 세워 실질적인 업무를 조직적이고 효과적으로 실행한다. 기술적인 측면의 지원에서도 한 치의 오차가 없다. 가장 기본적인 교과서에서부터 학술 논문, 학술지, 학회 활동 이력 등 모든 관련 자료를 뒤져서, 현재의 기술력 수준에서 최선의 해결책을 찾아낸다. 그러니 함께 일하는 직원들이 혀를 내두른다. B의 완벽한 기획력과 기술적인 능력은 많은 동료들로부터 존경을 받는다.

생각의 방향, 긍정적인 마음가짐, 업무 태도 등은 B를 생각할 때

떠오르는 표현이다. B는 적극성과 열정이라는 태도의 심볼이다. 제
3의 본성을 온몸으로 실천하는 사람이다.

C는 입사하자마자 늘 회사의 주인인 양 행동했다. 사장처럼 거
드름을 피웠다는 이야기가 아니다. 주인 의식을 가지고 열심히 일했
다는 뜻이다. 신입사원, 중견사원을 거쳐 중책을 맡았는데도 마찬가
지였다. 그는 여전히 주인처럼 굴었다. 초지일관, 변화가 없었다. 게
다가 그는 긍정적 마인드까지 갖고 있었다.

C는 일에서 중요한 것이 무엇이고, 급한 것이 무엇인지를 알았
다. 그래서 우선순위를 정해 일처리를 했으며, 그 성과는 대부분 성
공적이었다. 자신의 업무도 잘 처리했지만, 다른 사람의 업무도 힘
껏 도왔다. 맘씨 좋은 주인이 힘겨워하는 종업원에게 하듯 웃는 얼
굴로 도왔다. 주인 의식으로 가득한 C이기에 그는 회사 주인의 마
음을 누구보다도 잘 알았다. 그는 회의 시간에 전달되는 사장의 메
시지를 묵상하고, 곱씹으며 업무에 접목했다.

C의 이러한 능력은 어떻게 생겨났을까? 나는 꿈이라고 생각한
다. 언젠가 C는 이런 말을 했었다.

"나는 꿈이 있었습니다. 그 꿈을 달성하는 것이 내가 세상에 태
어난 소명이라고 생각해요."

C가 꿈을 이루기 위해 시도한 방법은 다음과 같다.

"저와 유사한 꿈을 이룬 사람을 찾아보고, 그들이 꿈을 이루기

위해 어떻게 삶을 관리했는지 분석하고, 그 결과를 따라하면 됩니다. 직접 실천해보니 그리 어려운 게 아니더라고요."

단순하지만 명쾌한 방법이었다. C는 자신의 꿈을 명확히 이해하고, 이루기 위한 로드맵을 확정하고, 각 삶의 단계별로 목표를 세우고, 세부 시행 방안을 수립하고 시행했다. 결과를 주기적으로 점검하고 피드백했다. 지금도 그렇게 하고 있다.

C는 목표 지향적인 사람이다. 아름다운 삶을 살아가는 사람이다. 그는 한 조직의 CEO로서 조직과 사회와 국가와 인류를 위해 공헌하고 있다. 그렇게 자신의 꿈을 이루는 데 가까이 더 가까이 다가가고 있다.

D는 국내 3대 재벌그룹의 주력 회사 부사장이다. 그에게는 습관이 하나 있다. 새벽 4시에 기상해서 1시간 정도 조깅을 하는 습관이다. 사회 초년생 시절 나는 D를 만난 적이 있다. 말 그대로 '사회 초년생'이었기에 나는 새롭게 변화해야 한다는 의지로 가득 차 있었다. 그래서 이를 실천하겠다는 결연한 의지로 새벽 조깅을 결심했다. 하지만 실천은 의지를 따라가지 못했다. 새벽 조깅은 뜨뜻미지근했다. 그러던 어느 날, 여명 속 호숫가를 어슬렁어슬렁 걷고 있었다. 저 멀리서 누군가 다가오고 있었다. 나는 단번에 그를 알아보았다.

'부사장님이다!'

D는 한 치의 흐트러짐도 없는 자세로 달리고 있었다. 여명 속의 바람을 가르고 있었다. 그 모습이 일면 무시무시하게도 느껴졌다.

'나이도 드실 만큼 드신 분이, 게다가 엄청나게 바쁘신 분이 굳이 새벽에 조깅을 하는 특별한 이유가 있나?'

갖가지 추측을 해보았지만, 알 수는 없었다. 그런데 문득 부끄러워졌다. 시간적, 육체적 여건이 그분보다 훨씬 좋은 사회 초년병의 모습이 창피하게 느껴졌다. 나는 그 자리에서 나의 게으름을 반성했다.

내일도, 모레도, 그다음 날도 졸린 눈을 비비며 호숫가로 나갔다. 새벽의 호숫가를 걷다, 뛰다 하면서 하루를 시작했다. 그런 습관을 이어가자 몸은 피곤했지만 가슴은 뿌듯했다. 상쾌함도 더해갔다. 물론 D도 매일 만날 수 있었다. 여전히 흐트러짐 없는 D와 마주치면 가벼운 눈인사를 건네기도 했다.

하루는 D가 잠시 달리기를 멈추고는 내게 물었다.

"새내기인가? 아침을 일찍 시작하는 것은 무엇과도 비교할 수도 없는 좋은 습관이네. 계속 하시게나."

무슨 의미인지 그 당시에는 마음에 와닿지 않았다. 그 말씀의 의미를 깨닫는 데에 강산이 한 번 바뀌고, 또다시 반 정도 바뀌는 시간이 걸렸다.

새벽 조깅은 왜 하는 것일까? 그 시간에는 어떤 의미가 있을까? 사람마다 부여하는 의미는 다를 것이다. 건강한 육체에, 스트레스

해소에 의미를 두는 사람도 있을 것이다. 그렇다면 D에게 새벽 조깅은? 아마도 나는 '꿈을 이루어가는 과정을 되돌아보는 시간'이 아니었을까 짐작한다. D는 내게 그것을 알려주고 싶어 말을 건넨 것이라 생각된다.

새벽 조깅을 하면서 꿈을 이루기 위해 설정된 목표 달성의 진도를 확인해볼 수 있다. 하루의 목표를 확인하고 실천 계획을 수립할 수 있다. 그러면 하루하루, 순간순간의 시간을 가치 있게 활용할 수 있게 된다. 왜 나는 D가 던진 이 메시지를 뒤늦게 깨달았을까? 그 말의 진정한 의미를 조금 더 일찍 깨닫고 습관화 했다면, 현재의 나는 어떻게 변화해 있었을까? 아쉬움이 남는다. 나는 제3의 본성을 좀 더 이른 시기에 실재화할 수 있는 중요한 기회를 놓친 것이다.

A와 B와 C와 D는 시대를 앞서간 사람들이다. 행복한 삶을 살아가는 사람들이다. 의미 있는 삶을 살아가는 사람들이다. 그들에게는 공통점이 있다. 꿈을 꾸고, 그 꿈을 이루어가는 목표를 분명하게 설정하고, 목표를 달성하는 실행 계획을 현실적으로 수립하며, 실행 계획을 확고한 추진력으로 실천한다는 점이다. 또한 그들은 일회성으로 그치지 않았다. 지속적인 실천력을 보여주며 삶을 이끌어갔다.

우리가 그들에게서 배울 점은 너무도 자명하다. 결국 제3의 본성이다. 한 가지 재미있는 점은 A와 C는 먼저 자신의 꿈과 유사한 분야에서 성공한 선배들로부터 성공에 이르는 방법을 알아냈다는 점이다. 이것은 참 지혜로운 방법이다. 누구에게나 '선배'로 삼을 만한 사람은 있기 마련이다. 부디 좋은 선배를 만나 배우고, 자기 자신에게 최적화된 방법을 터득해 성공을 손에 넣기를 바란다.

나를 사랑하는
나를 위하여

스스로에게 다음 몇 가지 질문을 던져보자.

1. 나는 나 자신을 사랑하고 있나?

2. 나는 나 자신을 얼마나 사랑하고 있나?

3. 나는 나 자신을 어떻게 사랑하고 있나?

4. 나는 나 자신의 어떤 모습을 사랑하고 있나?

5. 나는 나 자신의 어떤 특성을 사랑하고 있나?

자신 있게 대답할 수 있는 것이 몇 가지나 되는가? 사랑이라는 단어는 익숙한데 막상 자신을 대상으로 질문하고 답하려니 쑥스러운가? 도무지 자신을 사랑하지 못해서, 그래서 어떤 질문에도 대답할 수 없어서 막막한가? 평소 자기 자신을 얼마나 사랑하는지 생각해보지 않은 사람이라면 이런 질문들 자체가 생소할지도 모른다. 그런 사람은 자신을 돌보지 않고 바쁘게만 살아온 것 같아 왠지 서글

품을 느낄지도 모르겠다.

행복하면 '나'를 사랑할까? '나'를 사랑하면 행복할까?

성공의 여부는 '내'가 '나'를 얼마나 사랑하느냐에 따라 결정된다. 나를 사랑하기 위해서는 자신의 정체성을 명확하게 다시 되짚어볼 필요가 있다. '나는 누구인가? 나는 무엇을 갖고 있는가? 나는 무엇을 할 수 있는가?'에 대해 끊임없이 생각하고, 명확하게 자신의 정체성을 인식해야 한다. 이것이 가장 중요한, 성공을 향한 첫 출발이다. 나를 사랑하면 성공한다. 성공하면 행복하다. 그러므로 '나'를 사랑하면 행복하다.

남녀간의 사랑을 이야기할 때 흔히 '사랑에는 이유가 없다'라는 표현을 쓰곤 한다. 연인을 조건 없이 사랑해야 진정한 사랑이라는 의미가 담긴 표현일 것이다. 물론 일리 있고, 또 좋은 표현이다. 그러나 자기 자신에 대한 사랑은 달라야 한다. 구체적일 필요가 있다. 그것은 '앎'과 연결되기 때문이다. 자기 자신을 아는 것은 행복과 직결된다.

앞서 밝혔듯 나는 시골 촌구석에서 농부인 아버지, 어머니 사이에서 태어난 장남이다. 어릴 적에는 아름다운 자연 속에서 나비, 잠자리, 개구리, 참새, 뻐꾸기 그리고 이름 모를 수많은 동식물들과 어울렸다. 대화하고 즐거워하며 함께 놀면서 자랐다. 그러면서 자연과 생명의 소중함을 몸에 새겼다. 보릿고개, 춘궁기가 다가오면 주린 배를 움켜쥐었다. 콩 한 톨도 나누어 먹어야 한다는 생각으로 가족들은 물론 동네 사람들과도 물질적으로, 마음적으로 나누며 살았다. 사랑을 나누었다. 그 사랑 덕분인지 어려움도 인내하고 견뎌낼 수 있었다. 동네 근처에 초등학교가 없어, 10여 리 멀리 떨어져 있는 면소재지까지 보자기에 책을 싸서 어깨에 둘러메고 등하교를 했다.

중학생이 되면서 촌구석을 벗어났다. 서울로 유학을 갔기 때문이다. 이후 고등학교, 대학교는 모두 서울에서 다녔다. 사회에 첫발을 내디뎠다. 야심차게 시작했지만 스스로의 정체성에 대해 고민을 해야 했던 시절도 있었다. 그 위기를 겪으며 아내와 만나 아름다운 사랑을 나누고, 가정을 이루어 행복을 키워갔다. 그러면서 인간 사랑의 소중함을 알았다. 인간이 얼마나 귀한 존재인지도 깨달았다. 그 앎과 깨달음에 감사했다. 이 지구상에 태어남에 감사했다. 나는 인류가 이 지구상에 존재한 이후로 과거에도 현재에도 존재하지 않았고, 미래에도 존재하지 않을 유일한 사람이다. 정말로 귀하고 귀한 존재이다.

스스로를 귀한 존재로 여긴 나는 가진 것은 별로 없다. 자연과 함께했던 어린 시절의 추억, 급변하는 산업화의 소용돌이 한가운데서 보고, 듣고, 경험하며 터득한 지혜를 갖고 있을 뿐이다. 아니다. 사실 가진 것이 많다. 꿈은 이루어야 하고 목표는 달성해야 한다는 당위성을, 실천해가는 실천력도 갖고 있다. 자신의 부족함을 항상 채우려는 마음가짐, 태도, 자세도 갖고 있다. 항상 꿈이 무엇인지 되짚어보며, 보완해가는 겸손함과 슬기도 갖고 있다. 한마디로 제3의 본성을 갖고 있는 것이다. 나는 제3의 본성을 가진 나를 사랑한다.

나는 할 줄 아는 것도 적은 편이다. 그래도 나의 정체성, 나의 존재 의미, 나의 꿈이 무엇인지를 마음속에 그리는 일은 할 수 있다. 선천적 본성, 후천적 본성 그리고 사회적 본성을 활용하여 꿈을 이루기 위한 목표를 정하고, 실천 계획을 수립하고, 그것을 하루하루 지속적으로 담대하게 실행할 수 있다. 일상의 생활과 꿈을 일체화시킬 수 있다. 그렇다. 나는 꿈을 이룰 수 있다. 아름다운 삶을 일구어 낼 수 있다.

언젠가 오랜 친구들을 만난 적이 있다. 고향 친구들, 피를 나누지 않은 형제다. 농촌의 물구덩이에서, 흙구덩이에서 함께 뒹굴며 자랐다. 정말 반가웠다. 마음이 가볍고, 아무 부담이 없었다. 남자 같지 않게 수다를 떨었는데, 그저 즐거웠다. 어떤 말을 해도 다 공감할 수 있었다. 그러니 술이 안 넘어갈 수 없었다. 우리는 술잔을 아주 여러 번 부딪쳤다. 나는 집에 오자마자 푹 쓰러져 잠이 들 만큼 술을 들이부었다.

아침에 눈을 뜨니 속이 쓰렸다. 어머니가 준비한 해장국을 먹었다. 속 시원했다. 별것 아닌 일이지만, 나로서는 스스로를 사랑하기에 배려한 행동이다. 사랑하는 나를 위해 내 속이 망가지게 둘 수는 없었다. 어머니로서는 내리사랑이다. 이제는 피차 늙어가는 처지인데, 그런 아들이 술을 마셨다고 해장국이라니. 정말 감사하고, 절로 고개가 숙여지는 일이다.

곰곰 생각해보면 자기 자신을 사랑하는 사람이 내리사랑을 베풀 수 있는 여유도 더 크지 않을까 싶다. 우리 어머니가 당신 자신을 사랑하고 있는지 여쭈어보지는 않았지만, 아마도 그런 사랑이 마음에 자리하고 있을 것이다. 어머니는 자신이 '어머니'라는 것을 알고 또 사랑하기에 그 역할을 힘껏 수행하고 있는 것일지도 모른다. 어쩌면 내리사랑도 자기 사랑의 한 유형이 아닐지!

내리사랑을 '이타적 사랑'이란 말로 바꿀 수 있을 법하다. 결국 내리사랑이라는 것은 타인에게 향하는 사랑이기 때문이다. 2020년을 살고 있는 우리는 이타적 사랑을 실천하는 사람을 쉽게 목격할 수 있다. 코로나 현장에서 바이러스와 사투를 벌이는 의료진들, 자원봉사자들이 바로 그들이다. 역대급 장마가 휩쓸고 간 피해 현장에서 코로나의 위험까지 무릅쓰고 복구에 힘쓰는 자원봉사자들 또한 그 주인공이다. 그 외에도 우리는 매스컴을 통해 이타적 사랑을 실천하는 사람들의 소식을 종종 접한다. 거리에서 마주친 응급환자를 구한 일반 시민, 지하철역에서 성범죄자를 쫓은 용감한 시민, 물에 빠진 동생을 구하려 뛰어든 형……. 모두 세상에 유익한 흔적을 남기는 아름다운 사람들이다. 나는 이들이 스스로를 사랑하는, 사랑할 줄 아는 사람들이라고 믿는다. 그 사랑이 이타적 사랑으로 승화되었으리라 생각한다.

'나'를 사랑하는 사람은 자신이 악한 행동을 하도록 내버려두지 않는다. 꿈도 없이 하루하루를 흘려보내지 않는다. 난관에 부딪혔을 때 맥없이 꼬리를 내리거나 될 대로 대라며 포기하지 않는다. '나'를 사랑하는 사람은 선한 행동을 하려고 애쓴다. 꿈을 지닌 채 하루하루를 알차게 살아간다. 행복을 앗아가려는 난관을 슬기롭게 풀어내려고 노력한다.

자기 자신을 사랑하는 것은 꿈을 향해 가는 첫걸음이다. 인생의 소명을 이루기 위한 출발점이다. 행복 에너지이다. 제3의 본성이다.

행복을 부르는 한마디

새천년을 코앞에 둔 1999년 가을, 외국에서의 본격적인 생활을 알리는 첫 출근 날. 나는 버스를 타기 위해 현관문을 박차고 나섰다. 모든 것이 낯설었다. 어제 이사 왔다. 20여 시간의 긴 여정 끝에 우리 가족은 둥지를 틀었다. 퍼브릭 골프장의 페어웨이 갓길을 따라 위치한 3층짜리 서민 아파트다. 골프장의 넓은 잔디밭은 부잣집 정원 같은 착각이 들게 했다. 골프장에는 조그만 인조 호수가 있었고, 호숫가에는 버들강아지가 자태를 뽐내고 있었다. 조그마하고 앙증맞은 다리도 있었다. 그 주변을 거위들이 무리지어 뒤뚱뒤뚱거리며 다녔다. 여기저기 거위의 배설물들이 보였다. 관리가 허술한 것인지, 그냥 이 환경을 자연스럽게 받아들이는 것인지, 판단이 서지 않는다. 호수에서 물안개가 피어올라 환상적인 그림을 연출했다. 나는 출근길을 멈추고 잠시 생각에 잠겼다. 그때 키가 한 180 정도에, 정말 뚱뚱한 여성이 다가와 말을 걸었다.

"굿 모닝."

인사를 받고 모른 척할 수 없기에 말을 받았다.

"굿 모닝, 하우 알 유, 투데이?"

나와 그 여성 사이에 몇 마디 말이 오간다. 참 낯선 장면이다. 이틀 전만 해도 서울 아파트에서 수없이 많은, 똑같은 피부색과 똑같은 말을 하는 사람들만 만났다. 회사에서도 매일 보는 동료 선배들을 아무 일 없다는 듯이 만났다. 한국의 한국 사람들을 아무 말 없이 스쳐지나갔다. 말 한마디 나눔도 없이.

'그런데 왜 저 여성은 처음 보는 낯선 이국인에게 '좋은 아침'이라고 인사를 건네는 걸까? 왜 이 장면이 연출된 것처럼 부자연스럽게 느껴지는 거지?'

나는 그런 의문을 품은 채 출근길을 재촉했다.

드디어 근무할 사무실에 첫 입장. 이미 많은 사람들이 출근해 있었다. 활기 넘치는 분위기였다. 얼굴색이 하얀색인 사람도, 검정색인 사람도, 갈색인 사람도 있었다. 젊은 사람도, 나이가 지긋한 사람도 보였다. 어쩐지 전 세계에서 온 사람들의 모임 장소 같았다. 그들은 모임 안에서 똘똘 뭉친 것만 같았고, 그래서 나는 당장 뭘 어떻게 해야 할지 멍하기만 했다.

어리둥절해 있는 이방인에게 갑자기 사람들이 도발했다.

"굿 모닝!"

"웰컴 투 아워 컴퍼니!"

순간 내 입에서 이런 말이 튀어나왔다.

"굿 모닝, 하우 아 유 투데이?"

어쩐지 적절하게 응답한 것 같았다. 얼어붙었던 마음이 따뜻하게 풀리는 기분이었다. 그들의 인사 한마디가 잔뜩 긴장한 전쟁터의 처녀 참전 병사의 사기를 올린 것이다. 마음의 여유가 생긴 나는 재빨리 이런 생각을 했다.

'나는 여기 일을 하러 왔지. 그래. 이 업무부터 시작해야겠다.'

방향을 확인한 것이다. 방향을 찾자 그다음부터는 순조로웠다. 정말 좋은 하루가 시작됐다는 기분으로 업무에 착수할 수 있었다.

외국에서의 첫 출근 날은 좋은 하루로 끝났다. 말 몇 마디의 힘이었다. 동료들의 가벼운 인사말이 나를 가볍게 만든 것이다.

의식적이든 무의식적이든 한마디의 말이 생각을 변화시킨다. '나'의 한마디가 남의 생각을, 남의 한마디가 '나'의 생각을 변화시킬 수 있다. 스스로에게 건넨 한마디가 '나'의 생각을 변화시키기도 한다. 외국에서 근무하며 내가 확실히 체험했다. 생각의 변화는 매우 중요하다. 그것이 태도의 변화를 불러일으키기 때문이다.

그 사무실에서 한마디 말을 건네는 풍경은 어떻게 연출되었을까. 일회성일까, 습관적일까, 의식적인 것일까, 무의식적인 것일까. 곰곰 생각해보았지만 그 배경을 확실히 파악할 수는 없었다. 그러나 그 결과는 피부로 분명히 느꼈다. 한마디 말은 활기를 주었다. 그 활기는 사무실을, 회사를 즐거운 곳으로 만들었다. 나보다 먼저 그곳에서 일한 사람들은 이 '결과'를 먼저 체험한 사람들이었다. 그래서 새파란 신입인 나에게 그것을 선물한 것이다. 아름다운 풍경을 함께 만들어가자고 나를 독려한 것이다.

"안녕하세요. 좋은 하루 보내세요!"

이 한마디를 가능한 많은 사람에게, 그리고 자기 자신에게도 적극적으로 던지도록 하자. 진정으로 기원하는 마음을 담아서 말이다. 밝은 하루를 선물할 수 있을 것이다.

누구나 행복한 삶을 추구할 자격이 있다. 누구나 행복해야만 한다. 오늘도, 지금 이 순간도 행복해야만 한다. 사람은 그 누구라도 이 우주에서 유일무이한 존재이며, 이 시간 이곳에 있다는 사실만으로도 존재 가치를 충분히 존중받아야만 하기 때문이다. 그런 존재에게 따뜻한 한마디는 공기처럼 소중하다. 말 한마디를 아끼지 말자. 행복은 베풀수록 더 커지는 법이다.

한마디 말은 가정에서도 힘을 발휘한다. 나의 가정에서 그런 일이 일어났다.

아침, 긴 잠에서 눈이 뜨였다. 문득 이런 생각이 들었다.

'새로운 하루의 시간이 주어졌구나. 감사하다.'

생각은 이렇게 발전했다.

'이 하루를 어떻게 활용할까?'

잠을 털고 일어나 하얀 백지를 펴들었다. 예쁜 연필을 쥐고 오늘의 계획표를 짰다. 계획표가 완성되자 마음이 뿌듯했다. 시작도 하지 않았는데, 모든 것을 다 이룬 듯한 느낌이었다.

나는 스스로에게 비밀스럽게 속삭였다.

"정말 훌륭한 계획이지? 멋진 하루가 되겠어. 고맙다. 네가 항상 함께하고 있어서."

계획이 달성된 결과를 머릿속에 그려보았다. 변화된 장면을 그려보았다. 나는, 또 주위 사람들은 어떤 모습일지 상상했다. 그 변화는 혼자만의 힘은 아닐 것이다.

지금까지 내가 변화하면서 이 자리까지 온 것도 혼자만의 힘이 아님을 깨달았다. 모든 삶들의 도움이 마음에 새겨졌다. 감사했다. 아내, 아이들, 부모님, 형제들, 회사 동료들, 고객들, 주위의 모든 이웃들에게 감사했다. 나는 지금 가장 가까이 있는 가족을 만나러 방을 박차고 나갔다. 그리고 진심을 담아 한마디 던졌다.

"굿 모닝, 해브 어 굿데이!"

아내도, 아이도 낯설어했다. 하지만 이내 낯섦은 기쁨으로 바뀌었다. '이게 뭐지?' 하던 표정이 '이거 좋다'라는 표정으로 달라졌다. 나는 아내와 아이에게 다가갔다. 그리고 살짝 안아주며 한마디 추가했다.

"사랑해."

집안 분위기가 확 변했다. 너무 따뜻해졌다. 그야말로 '스위트 홈'으로 변했다. 아내와 아이도 사랑을 표현했다.

내가 나에게 던진 한마디가 내 생각을 바꾸고, 태도를 바꾼 사건이다. 태도가 달라진 내가 가족에게 한마디 건네면서 가족의 생각과 태도를 바꾼 사건이다. 그 사건은 우리 가정에 행복을 안겼다. 정말 놀라운 사건이지 않은가.

누구나 이런 대단한 사건을 일으킬 수 있다. '오늘 하루 행복해볼까?' 하는 마음만 먹으면 된다. 그리고 이 마음을 나에게, 남에게 한마디로 표현만 하면 된다. 결코 어렵지 않다. 거뜬히 해낼 수 있으리라 믿어 의심치 않는다.

아름다운 갈등

11월 어느 날, 금요일 오후. 벽걸이 시계의 바늘이 인정사정 보지 않고 6이란 숫자로 다가가고 있다. 나의 손이 빠르게 움직이기 시작했다. 서류가 정리되며 책상이 깨끗해져 간다. 일주일의 업무가 마무리되는 것이다. 물론 종전은 아니고 잠시 휴전이다. 다음 주 월요일 아침 전쟁은 다시 시작될 것이다.

시곗바늘이 6이란 숫자를 지날 때, 나는 의자에서 벌떡 일어나 황급히 회사 밖으로 나섰다. 언덕길을 내려가 저벅저벅 어디론가 걸어갔다. 이윽고 먹자골목 어귀에 다다랐다. 고기 굽는 냄새에 꿀떡, 나도 모르게 침이 넘어갔다. 앞서 말했던 인간 냄새 자욱한 바로 그 곳이다.

이윽고 골목 안 허름한 소줏집에 남자 셋이 모였다. 나의 동기들, 대리 초년생들끼리의 만남이다. 3년을 함께한 동지들의 우정의 자리다. 우리는 술잔을 가득 채운 뒤 단숨에 한 잔을 비웠다. 이어서 고추장에 양념된 돼지갈비를 한 점씩 집어먹었다. 그리고 한 친구가 먼저 말문을 열었다.

"난 엄청나게 잘살지는 않았어. 그렇다고 지지리 궁상을 떨 정도도 아니었고. 내가 과외 공부를 하고 싶으면 부모님이 지원해주실 수 있었을 정도?"

친구는 동생도 비슷한 시기 대학에 다녔다고 했다. 1980년대 한국의 경제 상황에서 부모님 중 한 분이 공무원 혹은 복지 제도가 좋은 대기업에 다니지 않는 한 2명의 대학생 등록금을 내기가 결코 쉽지 않았다. 그 정도면 유복한 가정 출신이다. 친구도 자신의 그런 조건에 감사해하고 있다.

"첫 대학 입시에 낙방하고 재수를 했는데, 또 낙방했어. 에라, 모르겠다 하고 입대를 해버렸지."

아마도 회피성 입대가 아니었을까 싶다. 어쨌든 남자는 군대 갔다 오면 철이 든다더니, 친구도 그런 것 같았다. 친구는 '다시 공부해야겠다, 대학 가야겠다' 생각하고 삼수의 길을 결심했다고 했다. 이번엔 스스로 선택한 길이다. 사실 재수를 선택한 건 다른 사람의 입김도 상당 부분 작용했던 것이다.

친구는 열심히 공부해서 실력에 맞는 대학에 들어갔고, 졸업한 뒤 입사했다. 제대 후 목표인 대학 입학, 졸업 후 목표인 취업을 모두 달성한 것이다. 사귀는 연인과 결혼도 했다. 그럼으로써 목표를 다 이루었다.

친구는 일하는 팀에서 적응하려고 선배들과 호흡을 맞췄다. 일이 참으로 많은 부서인데, 부지런히 배우고, 심부름도 도맡아 했다. 그렇게 소처럼 일한 뒤 퇴근 후에는 자기 생활을 즐겼다. 워낙 사람 사귀기 좋아하고 술도 즐기는 스타일이라 팀워크 증진 단합대회부터 시작해 각종 축하나 위로의 자리에 참석해 시간을 즐겼다.

"사는 것 뭐 있어? 지금을 즐기면 되는 거지."

친구는 만족하는 삶을 살고 있었다. 주어진 시간에 열심히 일하고, 일과 후에 자신의 삶을 즐기는 것에 행복을 느꼈다.

"오십대 정도에 인생을 즐기는 팀장이 되었으면 좋겠네."

친구는 다소 조심스럽게 새로운 꿈을 이야기했다. 나는 친구의 꿈이 이루어지기를 마음속으로 조용히 빌었다.

두 번째 친구가 말을 받았다.

"나는 이 직장에서 부서장도, 사업책임자도, 본부장도 해봐야겠어. 그게 내 목표야. 직장은 목표 달성을 위한 경력을 개발하고, 경력을 쌓기 위한 곳이라고 생각해."

친구는 자기 팀장이 자기와 유사한 목표를 갖고 있다고 했다. 그래서 팀장의 일거수일투족을 주시하며 배우고 있다고 했다.

"우리 팀장이 어떤 인간관계를 어떻게 만들고, 어떻게 유지하고 있는지, 무엇을 고민하고 행동으로 옮기는지, 사내에서의 생활은 어떤지 유심히 살피고 있어. 그리고 나도 나 자신이 부서장인 양, 사업책임자인 양 말하려고 또 행동하려고 노력해. 책임자의 의식을 갖기 위해서지."

친구의 말에서 나는 그의 적극적이고 긍정적인 사고가 어디서 비롯되었는지 짐작할 수 있었다. 바로 목표를 이루고자 하는 마음에서였다. 친구는 매사 불가능은 없다는 마음가짐과 태도를 갖고 있었다. 사실 그런 태도 때문에 함께 일하는 팀원들 중에는 친구를 힘들어하는 사람도 있었다. 그 사람과 함께 길을 가는 것도 친구의 몫이었다.

"우리 팀장은 일도, 생활도 열심인 것 같아. 틀림없이 부서장도, 사업책임자도, 본부장도 될 것이란 확신이 들어. 난 내 확신대로 팀장을 본받고 따라 가려고 해."

그렇게 말하는 친구의 태도에서는 결연함마저 느껴졌다. 나는 확실한 목표를 가진 친구를 마음속으로 응원했다.

세 번째 친구인 나는 어떤 삶을 살고 있는가. 친구들의 이야기를 들었으니 나도 털어놓아야 했다.

"나는 꿈을 간직한 채 살고 있다고 생각했는데, 직장에 들어와 어느 순간에 꿈을 잊었어. 대리가 되어서 축하받고 그저 좋아만 하다가 문득 그걸 깨달았어. 그런데 한순간 내 마음을 콩당콩당 두드리는 내면의 소리가 들리더라고."

어떤 소리인가? 그때 귀를 쫑긋 기울였지만 사실 제대로 듣지 못했다. 어떤 소리였을까? 고민의 시간을 보냈다. 그러던 어느 일요일 소파에 앉아 망중한의 여유를 즐기다 잠이 들었다. 머리가 하얗게 변한 내가 쓱 나타났다. 흐릿하게, 선명하진 않았다. 나를 붙잡으려고 손을 뻗었지만 잡힐 듯, 잡히지 않았다. 내가 내게서 멀어져 갔다. 발걸음을 재촉했지만 발이 떨어지지 않았다. 나는 자꾸자꾸 내게서 멀리 달아났다. 나는 온힘을 주어 벌떡 박차고 일어나 뛰려고 했다. 꽈당, 소파에서 떨어져 잠이 깼다. 일장춘몽, 꿈이었다. 그런데 꿈의 잔상이 머릿속을 계속 맴돌았다. 그러다 번쩍, 이런 생각이 들었다.

'내가 나를 떠나간 건…… 아하! 먼 훗날 분명하지 않은 내 모습이었구나. 내 평생의 꿈이 구체화되지 않아서 이런 꿈을 꾼 거구나.'

어렸을 때의 꿈, 청소년기의 꿈, 대학생 시절의 꿈을 되새겼다. 잊고 살았다는 것을 깨달았다. 다시 생각하니 그 꿈들은 막연했다. 구체화된 형상이 없었다. 직장생활을 한답시고 어떻게 꿈을 달성할 것인지 생각하지도 않고 살아온 내 모습이 보였다.

"그때 생각했어. 이젠 구체적으로 꿈을 생각하고, 성취하기 위한 계획을 세워서 하나하나 이루어 나가야겠다고. 사실 지금 나는 갈등의 시기를 살고 있어. 대리 초년생인 내가 어떻게 내 꿈과 직장일을 동시에 붙잡을 수 있을까 고민하고 있지. 일단 꿈부터 확실히 정하고 고민하도 되겠지만."

술자리를 마치고 친구들과 헤어졌다. 집으로 가는 시내버스를 탔다. 차창 밖의 바람소리가 으스스했다. 버스 안인데도 찬기가 확 느껴졌다. 술이 확 깨며 불현듯 친구들의 말들이 떠올랐다.

'같은 날, 같은 회사에 입사하고, 한 건물에서 한솥밥 먹으며 3년을 일했는데, 무엇이 우리들의 삶의 모습을 이렇게 다르게 만들었을까?'

머릿속이 복잡했다. 그리고 다시 이런 질문이 솟아났다.

'왜 나만 분명한 꿈이 아직 없을까?'

차창에 비친 내 모습이 보였다. 술에 절은, 아무 생각 없는 사람이다. 초췌한 몰골이다. 나는 옷매무새를 다시 정리했다. 머리카락도 손가락으로 정비했다. 차창에 비친 모습을 다시 보았다. 비시시 웃음이 나왔다. 그런 나를 보며 생각했다.

'어떻게 해야 목표를 꿈과 함께 같은 트랙에 태울 수 있지?'

금방 답을 찾을 수 없는 질문이라는 것을 나는 잘 알고 있었다. 그래서 더 답답했다. 답답함에 가족들을 떠올렸다. 아니, 떠올랐다.

'내일 김밥 싸서 오랜만에 롯데월드 놀러가기로 했었지?'

가족들과 즐거운 주말을 보낼 생각을 하니 마음이 편안해졌다. 어서 집에 가고 싶었다.

갈등의 시기였던 지난날을 차분히 회상해 보았다. 그때의 나와 지금의 나는 달라졌는가? 꿈을 이루고, 성공했는가? 대성하지는 못했지만 그래도 성공 쪽에 가깝다. 이런 결과를 낳을 수 있었던 것은 어제 겪은 갈등의 시기 덕분이었던 것 같다. 나는 갈등하며 생각의 변화를 일으켰고, 그 변화는 태도의 변화를 가져왔다. 나는 변화한 태도로 나름 열심히 살았다.

사실 직장생활을 하는 사람들 대부분은 알 것이다. 자신의 꿈과 일이 공존하는 것이 쉽지 않다는 것을. 혹자는 두 마리 토끼를 잡기는 어렵기 때문에 한 마리는 포기해야만 한다고 역설한다. 또 누군가는 충분히 병행할 수 있다고 강변한다. 둘 다 맞을 수도 있고, 둘 다 틀릴 수도 있다. 나 역시 무엇이 확실한 정답이라고 말하기는 어렵다.

중요한 것은 꿈을 갖는 것이다. 나쁜 꿈, 악한 꿈만 아니면 된다. 꿈은 사람을 살아 있게 만든다. 꿈으로 인해 갈등과 번민이 찾아올 수도 있지만, 그것은 꿈을 이루는 과정에서 겪는 필수 통과의례일 것이다. 그것이 두려워 꿈을 갖지 않는다면, 나는 그런 인생에 찬성할 수 없다. 여러분은 찬성과 반대, 어느 쪽인가?

chapter **3**

제3의 본성에 집중하기

목표가 눈에 보일 때
생기는 일

.

　꿈을 이루기 위해 목표를 설정하고, 목표 달성을 위해 실행 계획을 수립해야 한다는 것은 이미 제1장과 제2장에서 다루었다. 제3장의 서두에서 목표 설정과 실행 계획 수립 시의 실천 사항을 일목요연하게 정리하고자 한다. 그 세부 내용은 다음과 같다.

목표 설정

첫째 ㅣ 인생의 최종 목표를 설정한다.

둘째 ㅣ 10년 단위로 구간별 목표를 설정한다.

셋째 ㅣ 5년 단위로 구간별 목표를 설정한다.

넷째 ㅣ 현재 시점을 기준으로 연간 목표를 설정한다.

다섯째 ㅣ 전 구간에 걸친 로드맵을 작성한다.

여섯째 ㅣ 분기별 목표를 설정한다.

일곱째 ｜ 월간 목표를 설정한다.

여덟째 ｜ 주간 목표를 설정한다.

아홉째 ｜ 일일 목표를 설정한다.

실행 계획 수립

첫째 ｜ 인생의 최종 목표에 대한 실행 계획을 수립한다.

둘째 ｜ 10년 단위로 구간별 목표에 대한 실행 계획을 수립한다.

셋째 ｜ 5년 단위로 구간별 목표에 대한 실행 계획을 수립한다.

넷째 ｜ 현재 시점을 기준으로 연간 목표에 대한 실행 계획을 수립한다.

다섯째 ｜ 전 구간에 걸친 로드맵에 실행 계획을 추가한다.

여섯째 ｜ 분기별 목표에 대한 실행 계획을 수립한다.

일곱째 ｜ 월간 목표에 대한 실행 계획을 수립한다.

여덟째 ｜ 주간 목표에 대한 실행 계획을 수립한다.

아홉째 ｜ 일일 목표에 대한 실행 계획을 수립한다.

실행 계획 수립 시 고려 사항

첫째 ｜ 실행 계획은 각각 설정된 목표들에 일대일 대응하여 작성한다.

둘째 ｜ 실현성이 고려된 상세한 항목들을 제시한다.

셋째 ｜ 실행 후 평가의 평가 지침을 제공한다. 이때 투명한 평가를 위해 정량적인 기준을 제공한다.

넷째 ｜ 평가 후 즉시 피드백을 실시한다.

다섯째 ｜ 상기 사항을 절차화한다.

여섯째 ｜ 단계별 설정된 목표와 수립된 계획들에 대해 시각화한다.

실행 계획 수립 시 고려할 사항 중 '시각화'에 대해 좀 더 첨언한다. 시각화란 말 그대로 눈에 보이게 만드는 것이다. 자신의 목표와 계획을 가능하면 자주 볼 수 있는 환경을 조성하는 것이 좋다. 책상이나 벽 등에 문구를 붙이는 전통적인 방법도 괜찮다. 스마트폰이나 컴퓨터의 메인 화면 등을 활용하는 방법도 있다.

나는 사회 초년생 시절 사진 몇 장을 지갑 속에 넣고 다녔다. 회사 내에서 직원들의 존경을 받는 부서장과 사업책임자의 사무실에 내가 앉아 있는 사진이었다. 그분들의 사무실을 부지런히 오고 가면서 그 자리에 앉아 내 모습을 내가 직접 찍은 것이다. 나는 종종 그 사진들을 지갑 속에서 꺼내 보았다. 그때마다 숨겨 놓은 보물을 찾는 기분이었다. 나는 내 소중한 보물을 보면서 미소 짓곤 했다. 사진 속 인물들의 모습은 미래의 내 모습이었다. 나는 그 모습을 그리며 미래를 꿈꾸었다.

사진을 보는 것이 내게는 시각화의 실천이었다. 시각화는 참 괜찮은 방법이다. 실행 계획 수립 시의 고려 사항에 넣었지만 고려로 끝나지 말고 꼭 실천해보기를 바란다. 시각은 즉물적인 감각으로,

뇌를 환기시키는 효과가 크다. 꿈이 눈앞에 보이는데 어찌 잊을 수 있겠는가.

이러한 시각화를 시도하게 된 동기가 있다. 사내 교양 강좌였다.

"직장에서 제일 기쁜 때는, 행복한 때는, 진급했을 때죠. 비록 한순간이지만."

강사의 한마디에 나는 정신이 번쩍 들었다. 진급의 기쁨과 행복이 한순간으로 그친다는 말이 왠지 가슴을 아프게 찔렀다. 동의하기 싫지만 동의할 수밖에 없는 말이었다. 그 아픈 말을 왜 꺼내나 싶었는데, 강사가 계속 말을 이었다.

"그 기쁨과 행복을 항상 그 상태로 유지할 수 있는 비법을 공개하고자 합니다."

그 비법이 무엇일까 귀를 쫑긋 세웠다.

"여러분 모두는 충분한 자질을 갖고 있는 인재들이니, 시작할 때부터 욕심을 부리십시오. 목표를 가지란 말씀입니다. 그리고 목표한 직급에 있는 상사 중에서 꼭 닮고 싶은 분을 롤 모델로 삼으세요. 그분의 성공과 실패 경험을 '내 것'으로 만들어야 합니다. 그분이 일상생활 속에서 어떤 생각을, 어떤 자세를, 어떤 말을, 어떤 행동을 하는지, 어떤 습관을 갖고 있는지 파악해 보세요. 항상 주의 깊게 지켜보세요. 여러분처럼 젊었을 때는 어떻게 지냈는지도 물어보세요. 차이가 나는 부분이 있다면 의식적으로 따라 하세요."

강사는 롤 모델이 순간순간 거울 속에 있다고 생각하라고 했다.

거울 속의 롤 모델과 자신의 모습을 비교하면서 차이나는 점을 피드백하며 계발의 자양분으로 삼으라고 했다. 기회를 잡아 그분의 사무실 의자에 앉아 사진을 찍으라고도 했다.

"그 사진을 항상 지갑에 갖고 다니면서 시간 있을 때마다 보고, 자신의 몇 년 후의 미래 모습이라고 상상하며 마음속으로 되뇌고, 입으로 선포하세요. 가끔은 미래의 그 모습을 상상하며 생활하세요. 미래에 외부에서 이루고 싶은 것을, 미리 내부에서 만들어내는 작업입니다. 이 작업은 꿈을 이루는 중요한 비밀입니다."

정말 귀한 비밀 같았다. 그렇게 하면 정말 꿈이 금방 이루어질 것 같았다. 내 기대를 충족시켜주려는 듯, 강사는 이 일을 한 사람은 하지 않은 사람보다 목표에 도달하는 시간이 훨씬 빠르다고 했다.

"더욱 중요한 사실은 그렇게 사진을 들여다보면 일상의 삶이 윤택해진다는 사실입니다. 더욱 자신감이 넘쳐나고, 긍정적이며 적극적인 마음이 생길 거예요. 살아 움직이는 자신의 삶이 완벽하게 자신의 관리하에서 만들어질 겁니다. 그 순간 찾아오는 행복감은 정말 말로 표현하기 어렵습니다. 스스로 만든 행복이기에 그 행복은 정말 큽니다. 삶 전체가 행복으로 엮입니다."

공감이 되었다. 강사의 한마디 한마디가 마음에 큰 울림을 주었다.

그 후 나의 회사 생활은 달라졌다. 일단 출근 시간부터 빨라졌다. 늘 분주하게 움직였다. 부서장 사무실과 사업책임자실을 어슬렁어슬렁거리는 횟수가 많아졌다. 다른 직원들은 가기 싫어하는 곳인데도 말이다. 내가 그렇게 한 이유는 강의에서 배운 것을 실천하기 위해서였다.

나는 부서장님과 사업책임자분의 눈앞에 자주 나타나 인사를 드렸다. 어떻게 반응하나 눈여겨보았다. 그분들의 말 한마디, 행동거지 하나라도 놓치지 않았다. 직원들과의 대화 시간 혹은 각종 만남의 시간에는 가능하면 더 가까이 다가갔다. 기회가 날 때마다 인생에 대해서, 직장 생활에 대해서, 가정생활에 대해서, 부부 관계에 대해서 물었다. 자녀 교육에 관해서, 건강에 관해서도, 재테크에 관해서도 조언을 들었다. 감사하게도 그분들은 허락한 시간 범위 안에서 친절하게 답변해주셨다. 나는 그분들의 일거수일투족을 가능한 한 따라했다.

이렇게 달라진 회사 생활을 했지만 당장은 아무것도 바뀌지 않았다. 그러나 정말 중요한 것이 변했다. 삶을 대하는 내 생각이 변하고, 태도가 변한 것이다. 습관도 변했다. 생활에 활기가 넘쳤다. 직장 생활이 재미있고 보람찼다. 가정생활도 즐거워졌다.

여러분도 한번 시도해보기 바란다. 그리고 어떤 일이 일어나는지 몸소 체험하기 바란다.

목표를 달성하려면
유연하게

목표 달성 기법은 단순하다. 설정된 목표를 달성하기 위해 수립된 실행 계획을 실천하면 된다. 단, 중단 없이. 실패란 없다. 성공할 때까지 인내하며 지속하자. 그것이 그 핵심이다.

목표 달성 기법

첫째 ㅣ 일일 실행 계획을 시행한다.

둘째 ㅣ 주간 실행 계획을 시행한다.

셋째 ㅣ 월간 실행 계획을 시행한다

넷째 ㅣ 분기별 실행 계획을 시행한다.

다섯째 ㅣ 연간 실행 계획을 시행한다.

여섯째 ㅣ 5년 단위의 실행 계획을 시행한다.

일곱째 | 10년 단위의 실행 계획을 시행한다.

여덟째 | 로드맵 실행 계획을 시행한다.

아홉째 | 인생의 목표 실행 계획을 시행한다.

혹시 허무한 느낌이 들지 모르겠지만, 이것 이상 가는 목표 달성 기법은 없다. 나는 믿는다. 정해진 목표를 향해 한 걸음 한 걸음 쉬지 않고 실행해 나간다면 목표는 반드시 달성된다.

그런데 목표 달성 기법을 실천하려면 마음을 단단히 먹어야 한다. 즉 마음가짐이 중요하다. 그렇다면 목표 달성을 위한 바람직한 마음가짐은 무엇일까? 독자에 따라서는 다름이 있을 수도 있겠지만 나는 9가지로 선정한다.

목표 달성의 마음가짐

첫째 | 목표가 명확해야 한다.

둘째 | 목표를 달성하겠다는 확고한 의지가 있어야 한다.

셋째 | 목표한 완료 날짜(Due Date)를 지켜야 한다.

넷째 | 계획 단위별 성취감을 느껴야 한다.

다섯째 | 계획 단위별 평가와 피드백을 해야 한다.

여섯째 | 계획 성취 시 자신에 대한 보상이 있어야 한다.

일곱째 ㅣ 유연성을 가져야 한다.

여덟째 ㅣ 항상 도전적이고, 긍정적이어야 한다.

아홉째 ㅣ 매 시간이 새로운 출발점이라는 의식을 가져야 한다.

목표 달성의 일곱째 마음가짐인 유연성에 대해 좀 더 깊이 고찰하고자 한다. 언제 어디서든 유연한 자세가 필요하다.

나는 회사에 입사해 황소처럼 일했다. 근무 시간은 물론이고, 일과 후에도 거의 매일 밤 9~10시까지 일했다. 그리고 다음 날 아침 일찍 출근해 자리를 지키며 업무를 시작했다. 주위 사람들이 수군거렸다.

"어떻게 저렇게 일을 할 수 있지? 중독이야 중독."

누군가는 걱정을 해주기도 했다.

"몸도 생각하며 쉬엄쉬엄 일해."

하지만 나는 바꾸지 않았다. 주위의 모든 사람들이 일에 대한 열정과 책임감에 감탄했다. 어떤 형태로든 나의 근면과 성실함이 보상받을 거라는 이야기도 전했다. 그러다 마침 팀장 자리가 하나 비었다. 갑작스레 가정상의 이유로 전임 팀장이 사표를 낸 것이다. 사람들은 나를 이구동성으로 팀장으로 추천했다. 반대하는 사람은 한 명도 없었다.

나는 팀장이 되고 나서 더욱 열심히 일했다. 월화수목금금금, 매일 야근이었다. 그렇게 얼마간의 시간이 흐르자 피로감이 몰려왔다.

팀원들도 피로감을 느꼈다. 팀장과 팀원이 피로한 상태에서는 계획대로 결과물이 잘 나오지 않았다. 그러자 의욕들이 다들 초기와 같지 않게 떨어졌다. 나는 팀원들을 다독거리며 조금 더 힘내자고 설득했다. 팀원들은 힘든 가운데 동참했다. 고맙고 감사했다.

하지만 한 번 떨어진 의욕에 다시 불을 붙이기는 어려웠다. 팀장 혼자만의 의욕으로는 개선의 기미가 보이지 않았다. 나는 1년 후의 결과를 예측했다. 소름이 돋았다. 팀원들이 패잔병의 모습을 하고 있었다.

'무엇이 문제일까? 적절한 처방이 없을까?'

고민 끝에 나는 의식 전환이 필요하다는 결론을 내렸다. 내가 먼저, 나의 의식의 유연성을 발휘해야 했던 것이다. 적어도 우리 팀은 팀워크가 좋고, 협업이 잘 이루어졌다. 내가 바뀌면 다시 예전의 활기 넘치던 팀으로 돌아올 것 같았다.

내가 유연하게 의식을 전환해 가장 먼저 한 일은 팀의 꿈을 명확하게 정한 것이다. 그리고 꿈을 이루기 위한 실현 가능한 목표를 명확하게 세운 것이다. 이어서 목표를 달성하기 위한 세부 실천 계획을 시간 단계별로 준비한 것이다. 나는 목표를 세우고 계획을 정할 때, 팀원들을 모두 동참시켜 협의하고 정했다. 목표 달성의 필요성도, 실천 계획의 성공 수준도 공유했다. 감당할 수 있는 꿈을 정하고 그것을 향해 달려가니 팀원들의 의욕이 점점 살아나기 시작했다. 마침내 우리 팀은 살아 움직이는 팀으로 거듭났다.

훗날 부서장이 되었을 때 일이다. 신입사원 새 가족이 생겼다. 교육을 하라고 하는데, 무슨 말을 해야 할지 떠오르지 않았다. 창밖을 내다보았다. 시간을 되돌려 나의 삶을 회상해보았다. 처음 회사에 입사 했을 때, 직위를 맡았을 때, 건설 현장에서 관리자로 있었을 때, 사업책임자로 업무를 수행했을 때 등등을 돌이켜보았다. 자랑스러웠던 일도, 아쉬웠던 일도, 보람 있었던 일도 많았다. 전체적으로 의미 있었던, 가치 있었던 시기였다.

'새 가족들에게는 무엇을 말해주어야 할까? 앞으로 사회생활을 하는 데 도움이 되어야 할 텐데……. 내가 신입 사원이라면 어떤 말을 듣기 원할까?'

진지하게 생각한 끝에 결론을 내렸다.

'그렇지! 지금 느끼고 깨닫고 있는 것들을 신입사원 때 알았다면 안 했을 그 무엇! 그것들을 미리 알려주는 게 좋겠어!'

유연성이 부족했던 나의 신입사원 시절을 되새겼다. 이제 우리 회사의 일원이 된 신입사원들이 나와 똑같은 실수를 하지 않았으면 좋겠다는 바람이 생겨났다.

어떤 일이든 마음가짐이 중요하다. 이 사실을 모르는 사람은 아마 없을 것이다. 물론 어떤 마음가짐이 필요한지에 대해서는 사람마다 조금씩 차이가 있을 수는 있다. 적어도 조직 생활을 하는 사람이라면, 그 안에서 어떤 성과를 꿈꾸는 사람이라면 유연성은 꼭 챙기기 바란다. 부드러운 것이 강한 것이다.

왜 우리는
꿈을 포기하는가?

세상일은 뜻대로 되지 않는 경우가 많다. 예기치 않은 상황이 자주 생긴다. 하고 싶지 않은 일에 매달려야 하는 경우도 부지기수다. 그렇게 살다 보면 꿈이 무엇이었는지, 꿈을 이루기 위해 세운 목표가 무엇인지 잊기도 한다. 어쩌다 잊었다는 사실을 깨닫고 자문할 때는 낯선 느낌마저 찾아온다. 어쩌면 잊은 것이 아니라 포기하고 있었는지도 모른다. 그것이 사실인데 애써 인정하지 않았던 것인지도 모른다. 왜 우리는 살다가 꿈을 포기할까? 그 이유를 나름대로 정리해보았다.

첫째, 일상이 너무 바쁘기 때문이다.
이른 아침 일어나서 늦은 밤 침대에 들기까지 눈코 뜰 새 없이 바쁘다. 평범한 사람들의 삶이다. 그런데 잠시 시간을 내서 꼼꼼하게 하루 일과를 검토해보자. 혹시 목표를 달성하는 주요 여정의 궤도를 벗어난 주변 일들에 에너지를 빼앗기고 있는 건 아닌지 살펴보자. 그러면서 일의 우선순위를 정하고, 이후 상위의 일부터 처리하는 습관을 기르자. 하루가 한결 여유로워질 것이다. 여유를 찾으면 목표에 가까워지는 삶을 살 수 있다.

둘째, 정한 기한(Due Date)이 없기 때문이다.

외부적인 환경에 의해 수행하는 일들은 명확한 업무 기한이 정해져 있다. 기한을 지키지 못하는 경우 페널티를 비롯한 많은 계약서상의 불이익을 감수해야 한다. 그런데 자신과의 약속인 일의 경우에는 아무래도 긴박감이나 압박감이 떨어져 느슨해지기 쉽다. 기한도 정하지 않을뿐더러 계획상 기한을 정했다 하더라도 조금 바쁜 일이나 흥미로운 일이 생기면 우선순위에서 밀어두기도 한다. 일일 계획에서 우선순위로 정한 일들은 최우선 순위가 마무리되기 전에는 차순위로 넘어가서는 안 된다. 뇌에는 어떤 상황이 와도 우선순위를 지켜야만 한다는 규칙이, 처음엔 의식적으로, 차후엔 무의식적으로 각인되어야 한다.

셋째, 자신에게만 관련되어 있는 일을 가볍게 여기기 때문이다.

타인이나 조직과 연관된 사항이라면 일단 무겁게 받아들인다. 그리고 가능한 한 조치를 취하려고 애쓴다. 그런데 자신에게만 관련이 있다고 생각하는 일은 가볍게 받아들이는 경우가 많다. 그래서 사실은 중요한 사항인데도 불구하고 자기합리화를 시킨 뒤 우선순위에서 뒤로 미룬다. 물론 다른 여러 일들이 있기 때문에 어쩔 수 없이 미루는 경우도 있다. 그러나 이런 일이 습관화되면 삶의 목표 달성을 위한 궤도에서 이탈하게 될 위험이 크다. 목표 달성의 종착지에서 점점 더 멀어져가는 것이다.

넷째, 현재가 인생에 미치는 영향이 미미하다고 생각하기 때문이다.

인생의 긴 여정 속에서 현재는 아주 짧은 시간이다. 그러므로 현재 계획의 연기 혹은 행하지 않음이 목표 달성에 커다란 영향이 없다고 생각하기 쉽다. 언제라도 늦게 이행하더라도 충분히 따라 잡을 수 있다고 자신만만해 한다. 언제라도 보충할 수 있다고 생각한다. 목표가 비록 중요하다 할지라도 일단은 먼 훗날의 일로 여기기 때문이다. 그래서 달성해야 한다는 절박감이 희미한 것이다. 쉽게 손에 잡히지 않는 목표를 바라보는 인지적 착각이다. 아주 큰 착각이다. 무엇이든 사소한 문제들에 적절하게 대처하지 않다가, 큰 사고로 비화되는 경우가 많이 있다. 미미한 영향이 축적되면 큰 영향을 끼치게 되는 것이다. 돌이킬 수 없는 상황이 연출 되는 것이다.

다섯째, 결과가 가시적이지 않기 때문이다.

당장의 가시적인 결과가 없는 것이라면, 실행하는 데 본성적으로 게으르게 되어 있다. 가령 어떤 자격증을 따는 것이 꿈이라고 했을 때 자격증을 손에 넣는 것은 가시적이다. 그러나 거기에 이르기까지의 결과물들, 즉 하루 공부량이나 현재 실력 수준 등은 비가시적이다. 이런 비가시적인 결과물들은 꿈을 향해 가는 동력을 떨어뜨리기 쉽다.

여섯째, 평가와 피드백이 없기 때문이다.

결과를 평가하고 피드백하는 행위는 더 나은 삶을 살고자 하는, 목표를 더욱 효과적으로 달성하고자 하는 가장 기본적인 절차이다. 매일 결산목록에 자신의 목표 및 실천 계획이 어떻게 실현되었는지 결과를 평가하고, 피드백하자. 바쁜 일상에 그런 여유를 갖기 힘들 테지만 스스로를 추슬러 힘을 내보자. 평가와 피드백이 없다면 자신이 수행한 무언가에 의미를 부여하지 못한다. 보람도 느끼지 못한다. 내일은 오늘보다 좋아질 것이라는 희망도 피어나지 않는다.

일곱째, 결과에 대한 보상이 없기 때문이다.

노력한 만큼의 성과에는 정당하게 보상하는 것이 좋다. 너무 과하면 문제지만 적절한 보상은 일을 향한 흡인력과 열정을 불러일으키는 동력이 된다. 물론 자신이 평가하고 보상까지 하는 주체임으로 더더욱 공정해야 한다. 너무 후하게 주는 것도, 박하게 주는 것도 삼가야 한다. 맛있는 음식 먹기, 평소 갖고 싶었던 것 사기 등 소소하지만 확실한 행복을 주는 것이 보상으로 알맞다. 적절한 보상을 받으면 몸과 마음이 가뿐해지고, 새로운 의욕으로 리셋된다.

여덟째, 습관화되지 않았기 때문이다.

꿈을 이루기 위해 필요한 일이라면 사소한 일이라도 습관을 들이는 것이 좋다. 습관화는 성공을 위한 지름길이다. 어쩌면 작은 성공일 수도 있다. 습관화만 이루어도 성취감을 느낄 수 있다. 자신감은 저절로 따라온다. 사소한 일의 습관화를 달성했다면, 한 단계 더 큰 분야로 나아가자. 그렇게 차근차근 습관화의 단계를 높여가면 어느 순간 꿈 앞에 당도해 있을 것이다.

달리는 기차에 연료가 떨어지면 달릴 수 없다. 습관이라는 에너지는 기차의 연료와 같다. 인생의 궤도를 달리는 기차가 계획된 시간 안에 목적지에 도착할 수 있게 돕는다.

이 여덟 가지 이유 외에 또 다른 이유가 있을 수 있다. 남들은 이해할 수 없는 자신만의 실존적 이유 또한 있을 것이다. 그러나 여덟 가지 이유만 잘 다스려도 삶은 한결 나아질 것이다. 꿈을 이루는 것이 훨씬 수월할 것이다.

다시 강조하지만 중요한 것은 생각의 변화이다. 이들 이유를 떨쳐낼 수 있도록 생각을 변화시키자. 좌절의 늪에서 멋지게 빠져나올 수 있을 것이다.

정체성,
다시 일어서는 힘

나는 누구인가. 나는 무엇을 갖고 있는가.

나는 무엇을 할 수 있는가.

위 질문들에 대한 답이 바로 '나'의 정체성이다. 자신의 정체성을 모르는 상태에서는 삶의 방향을 정할 수는 없다. 꿈도 꿀 수 없고, 목표도 설정할 수 없다. 따라서 꿈을 갖기 전에, 꿈을 가지려면 정체성부터 분명히 해두는 것이 좋다. 꿈을 가진 뒤에도 틈틈이 정체성을 재확인해야 한다. 정체성이 무너져가고 있다면 회복시켜야 한다. 회복시키려는 그 마음이 곧 제3의 본성이다.

나는 사회 진출한 후 심각한 고민이나 큰 사고는 별로 없었다. 그 덕분에 더 열과 성심을 다해 업무를 수행할 수 있었다. 그런데 크게 인정을 받지 못한다는 기분이 들었다.

'내가 뭘 잘못하고 있나? 자격 요건이 부족한 건가?'

동년배 중 다른 직원은 업무량도, 업무에 대한 열성도, 업무 결과도 별로인데 인정받는 것 같았다. 나는 정체성이 흔들렸다. 나는 이 회사에서 무엇인지, 능력이 원래 없는 사람인지 혼란스러웠다.

중요한 인사 시기가 다가오고 있었다. 좀 불안했다. 욕심도 조금 났다.

'이제는 보직을 맡아야 할 때인데…….'

나의 인생을 되돌아보았다. 흙수저 출신, 마이너리그 대학 출신으로 갖은 노력을 하며 살았다. 그리고 당당히 입사 시험에 합격해 취업을 했다. 회사에서 인정받기 위해, 경쟁력을 갖추기 위해 또 많은 노력을 했다. 남들보다 앞서지는 못하더라도 최소한 뒤지고 싶지는 않았다. 그래서 효과적인 업무 수행 방법을 늘 연구했고, 생산성과 매출액을 높이는 일도 틈틈이 고민했다. 업무 이외에 팀을 운영하는 데 필요한 부수적인 일에도 솔선수범했다. 경조사도 철저하게 챙겼다. 많은 사람들이 하기 싫어하는, 지저분하다고 말하는 업무도 아무 군소리 없이, 불평없이 수행했다. 나의 일보다는 남의 일을 도와주는 것을 우선순위에 둔 적도 있었다. 회식 자리에도 꼭 참석해 과음으로 고생하시는 분들을 끝까지 챙겨드리기도 했다. 이것이 최근까지 나의 인생이었다. 열악한 출신 성분을 만회하기 위해 살아온 삶이었다.

'남들도 내가 나를 보는 것처럼 나를 볼까? 나를 제대로 평가해

줄까?'

이런 질문으로 하루를 마무리하고 말았다.

다행히 다른 사람들이 어느 정도 나를 인정해주는 것 같았다. 나는 진급에 성공해 보직을 맡았다.

이후의 직장생활은 예전보다는 한결 나아졌다. 빠르진 않았지만 너무 늦지 않게 승진도 했다. 나는 더욱 열심히 업무에 집중하면서 회사 외의 다른 사회생활에는 큰 관심을 두지 않았다. 그러는 사이 연륜과 경력이 쌓여갔고, 기술부서에서 사업부서로 소속이 바뀌었다.

사업부서에는 금수저도 있고, 흙수저도 있었다. 기술부서와는 일의 성격은 물론 근무 분위기가 완전히 달랐다. 팀원들의 생각도, 태도도, 자세도 같은 것이 없었다. 한 회사에서 한솥밥 먹고 살아왔는데, 다른 나라에, 다른 회사에 와 있는 것 같았다. 사업부서 사람들은 적극적이고, 긍정적이며, 또한 모든 것이 계획적이었다. 불가능은 없다는 생각과 태도가 몸에 배어 있었다. 갑자기 돌출하는 문제나 사건 사고 등에도 흔들림이 없었다. 그들의 이러한 생각과 태도는 지난날 나의 그것과는 천양지차였다. 나는 그저 흙수저와 마이너리거라는 출신 성분을 극복하려는 생각과 태도로 꽉 차 있었다.

정체성을 잃어버릴 뻔했다. 내가 제3의 본성이 약했다면 정말 잃어버렸을지도 모른다. 그러나 나는 제3의 본성을 작동시켰다. 나와 그들의 차이를 인정하고, 함께 팀에 녹아들려고 노력했다. 팀원들의 마음가짐, 태도, 자세, 결단력, 실천력 등을 파악하고 그대로 따라 했다. 그러자 나도 그들처럼 변해갔다. 사업의 큰 틀을 보고 성공적으로 목표를 달성하도록 최선을 다하는 사람으로 변해갔다. 내 마음에서는 점차 자신감이 자라났다. 정체성이 나를 복원시킨 것이다.

정체성이 확고하면 이것 하나는 정말 확실해진다. 담대한 실천력이 생긴다는 사실이다. 정체성을 알면 무엇보다 자기 자신에 대한 믿음이 싹트는데, 그 믿음은 실천력으로 승화된다. 내가 몸소 체험한 사실이다. 사업부서에서 일하면서 나는 새로운 직책을 부여받았는데, 정체성으로 복원된 나는 업무에 자신이 있었다. 더 이상 출신 성분의 굴레에는 관심도 없었다. 제3의 본성에 관심이 있는 팀원들과 어울리면서 생각도 나누고, 스스로의 역량을 증가시켰다. 어떤 업무든 자신 있게 실천했다. 성공할 거라는 확신을 가지고 실천했다. 그러한 담대한 실천력으로 착수한 일의 결과는 대부분 긍정적이었다.

사랑하는 직장 후배가 한 명 있다. 나처럼 흙수저와 마이너리그 대학 출신이다. 업무 수행 태도, 근무 태도는 항상 성실하다. 묵묵히, 불평불만도 없이 주어진 역할에만 몰입한다. 그런 태도 덕분에 많은 일이 주어지고, 퇴근은 항상 늦은 밤이다. 주말도 거의 반납이다. 그런 후배와 어느 날 대포집에서 소주 한잔을 걸쳤다.

"고생 많지?"

나의 물음에 후배는 웃으면서 대답했다.

"괜찮습니다. 일이 좀 많지만, 할 만합니다."

후배의 그런 모습에 지난날의 내 모습이 파노라마처럼 지나갔다. 후배의 지금 모습은 영락없이 내 과거의 모습이었다. 이어서 이런 생각이 들었다.

'내가 지금 알고 있는 사항을 옛날에 알았다면, 나는 그때 어떻게 행동했을까?'

후배에게 정체성, 그리고 제3의 본성에 대해 알려주고 싶었다. 정체성을 잃지 말라고, 제3의 본성을 개발하라고 조언해주고 싶었다. 그러면 후배의 삶이 지금보다 더 아름다워질 것 같았다.

나는 그런 기대감으로 조용히 입을 열었다.

나의 인생 나로 살기

"너 커서 뭐 될래?"

"대통령이요."

"지금도 대통령이 꿈이냐?"

"아뇨. 박사가 되려고요."

"너 박사가 꿈이랬지?"

"선생님으로 바뀌었는데요."

오지였던 시골 나의 고향, 내가 어린 시절 동네 어르신들과 나눈 대화를 조금 각색해 보았다. 결국 질문은 꿈이 무엇이냐는, 즉 한 가지인데, 답은 여러 가지다. 성장하면서 바뀐 것이다. 현실적이 되어서일까? 소명의식이 변해서일까? 아니면 이루지 못할 꿈이라는 것을 깨닫고 의도적으로 바꾼 것인가? 여하튼 이것 한 가지만큼은 분명하게 대답할 수 있다. 꿈이 바뀐 것은 혹은 바꾼 것은 나답게 살기 위한, 나로 살기 위한 노력이었다는 사실이다.

선배 A는 업무 수행 기준이 확실한 사람이었다. 그는 당해 연도에 달성할 목표와 수행 계획을 갖고서 목표를 달성하기 위한 상세 세분화된 계획을 월별로 작성했다. 주요 점검 포인트도 체크 리스트로 관리했다. 체크 리스트는 각 결과물 유형에 따라 준비했다. A는 팀장과 회의할 때도 분명하게 자신의 의견을 말했다. 전문 지식이 폭넓고 깊이도 있어서 그 의견은 항상 설득력이 있었다. 주기적으로 기술전문지에 연구 결과 혹은 기술 개발 결과도 발표했다. 그것이 참 대단하게 느껴져서 A에게 물었다.

"일하기도 바쁜데 그런 글은 어떻게 시간을 할애해서 준비해요?"

돌아온 대답은 다소 싱거웠다.

"하루하루 조금씩 짬을 내서 준비하면, 어느 순간에 완성이 되어 있대."

사실 싱거운 것이 아니라 아주 매운 대답이었다. A는 결국 발표에 대한 계획을 세우고 지속적으로 실천하는 것이다. 이것만큼 진리에 가까운 대답이 어디 있겠는가.

A는 동료들과의 인간관계도 원만했다. 업무 성격상 많은 협업이 필요한데, 늘 마찰 없이 깔끔하게 해냈다. 사내외에 많은 카운터 파트가 있어 원활한 관계 유지가 힘들 텐데, 어떻게 그렇게 잘할 수 있을까? 나는 비결이 무엇인지 유심히 관찰해보았다. A의 가장 기본적인 기준은 계약서상의 업무 분장 준수였다. 그는 불분명한 업무

분장은 팀장 혹은 사업주에게 확인 후 진행했다. 계약서에 따른 업무 분장에 따라 일을 하며, 조그마한 이면 합의도 하지 않았다. 계약서에서 벗어난 결정은 절대하지 않았다. 그러니 업무 처리가 깔끔할 수밖에 없었다.

A는 동료들의 경조사도 잘 챙겼다. 단순히 얼굴 도장만 찍는 게 아니라 함께 즐거워하고, 함께 슬퍼하며 공감하는 모습을 보였다. 그러니 사람들은 업무 수행상 그에게 개인적인 서운한 감정이 있었다 하더라도 결국은 풀게 되었다.

많은 사람들이 A를 '인간성이 된 사람이구나'라고 평가했다. 그렇게 좋은 평가를 받은 그는 부서장을 역임했고, 현재 제2의 인생을 즐기고 있다.

선배 B는 후배들에게 무척 인기가 많았다. 개인적인 어려움이 있을 때 스스럼없이 다가가 조언을 구하는 후배들이 참 많았다. 후배들에게 그는 큰형님 같은 존재였다.

B는 큰형님답게 업무에도 빈틈이 없었다. 정해진 계획에 따라 고품질의 결과물을 만들어냈다. 그 분야에서는 국내 최고의 전문가라고 평가를 받을 정도였다. 그런데 그는 담당한 업무 외에 기술개발이나 연구에는 크게 관심이 없었다. 축적한 경험을 기준으로 많은 아이디어를 주변에 제공하는 것에 그쳤다. 스스로 진척시키는 과정으로는 나아가지 않았다. 그것을 궁금해하는 사람들에게 그는 이렇게 대답했다.

"적성에 안 맞아."

건성으로 한 대답으로 들릴 수도 있지만 정말 진심이 담긴 대답이라고 생각된다. 지금도 프리랜서 전문가로서 일과 삶을 나란히 즐기는 B를 보면 그렇게 생각할 수밖에 없다. 그는 일에만 얽매이는 삶을 살기는 싫었던 것 같다. 그건 자신의 삶이, 자기로서 사는 삶이 아니라고 생각했던 것 같다.

나는 퇴직이 내일모레다. 동기 한 녀석이 나와 비슷한 처지에 있다. 언젠가 그 동기와 차 한잔 마시며 정담을 나누었다. 그때 선배 A와 B가 자연스럽게 우리 대화에 등장했다. 이들을 회고하다가 동기와 나는 깜짝 놀랐다. 현재 우리의 모습이 그 선배들의 모습이었던 것을 깨달은 것이다. 선배들은 우리의 사수였다. 우리는 선배들을 롤 모델로 삼고 그들을 따라 했다. 그 결과는 좋았다. 그러나 선배들의 판박이처럼 살아왔다는 사실은 어쨌거나 적잖은 충격을 주었다.

퇴근길, 오후에 동기와 나눈 대화를 곱씹어보았다. 오싹했다.

'선배의 삶과 내 삶이 꼭 닮았다니, 나 자신의 삶은 어디로 갔지? 내 삶을 내가 주관한 게 아니라, 선배가 좌지우지했던 건가?'

나 자신의 꿈을, 인생의 목표를 잊고 살았다는 깨달음이 밀려왔다. 나의 인생을 직장이라는 마차에 내맡긴 채 달려온 내 모습이 보였다. 항상 내가 내 인생의 주인이라는 주인의식을 주머니에 넣고 다녔지만 꺼내볼 생각도 하지 못한 지난날이 스쳐갔다. 어린 시절 나로 살기 위해 노력했던 나는 어디로 갔을까?

누구도 탓하고 싶지 않았다. 모두 나의 책임이었다.

인생에서 롤 모델이 중요하다는 것에는 이론의 여지가 없다. 나역시 동의하기에 앞서 롤 모델의 가치를 역설했다. 그러나 꼭 새겨야 할 점이 있다. 롤 모델을 따라 하는 것에 그쳐서는 안 된다는 점이다. 롤 모델은 결국 극복의 대상이다. 처음에는 동일화를 이루었다가 나중에는 극복해야 한다. 그래야만 더 성장할 수 있다. 그것이 진정 '나'로 사는 인생이다.

장비, 관우, 제갈공명
그리고 나

《삼국지연의》의 도원결의 당사자 중 한 명인 장비는 저돌적인 인물이다. 엄청난 힘과 용맹으로 당시 전쟁터에서 공을 세우고 영웅으로 추앙받았다. 그는 목표가 정해지면 앞뒤 가리지 않는다. 앞만 보고 전진하는 황소와 같다.

직원 A는 장비 같은 인물이었다. 장비만큼 힘이 센 것은 아니지만 목표가 정해지면 물불 가리지 않고 돌진하는 면이 딱 장비였다. 머리로 생각하는 대신 먼저 몸으로 직접 부딪치며 헤쳐 나가는 성격을 장비형 성격이라고들 하는데, A는 딱 전형적인 장비형 성격의 소유자였다.

A는 입사 초기부터 동기들의 인기를 독차지했다. 나이도 여느 동기들보다 두 살 많아서인지 리더십도 있었다. 나서기도 좋아했고, 쇼맨십도 있었다. 노래도 잘했다. 여직원들을 누구보다 잘 챙겼다. 그는 불의를 보면 참지 못하는 의리의 사나이이기도 했다.

신입사원 연수 시 A는 진행 관리자와 연수생 사이의 중간 역할도 훌륭히 해냈다. 부서에 배치 받고 기존 선배 사원들과 융합도 빠른 속도로 이루었다. 업무도 다른 동기들보다 빨리 받았다. 팀의 궂은일도 도맡아 했다. 그런 A에게 선배들은 많은 업무를 맡겼고, 그는 이것저것 따지지 않고 덥석덥석 업무를 받아 바로 착수했다. 그는 일을 해낼 수 있을까 생각할 시간에 일단 수행하고, 시행착오 시 조금 더 부지런히 뛰겠다는 신념을 갖고 있었다. 하지만 신념만 너무 강했던 탓일까. 그는 가리지 않고 일을 하느라 정해진 업무 완수 날짜를 맞추지 못하기도 했다. 선배들은 이런 상황을 이해했다. 신입 사원이니까, 궂은일까지 많이 하다 보니까 그랬을 거라며 이해했다.

하지만 A가 약속 날짜를 어기는 일이 많아지자 선배들은 달라졌다. 그의 앞에서는 이해한다고 말해놓고 본인이 직접 보완해서 다시 업무를 처리하기 시작했다. 중요한 업무는 의도적으로 A에게 맡기지 않기도 했다. A는 선배들의 변한 분위기를 느끼고 스트레스를 받기 시작했다. 급기야 소외감을 느끼는 지경에 이르기까지 했다. 장비처럼 저돌적으로만 살아온 시간이 후회되기까지 했다.

'벌써 후배들이 치고 올라오기 시작하는데, 계속 이렇게 살아도 되나?'

A는 깊은 고민에 빠졌다. 한 분야의 전문가로서 자리매김하려 했던 꿈이 날아가버린 것 같아 낙담했다. 하지만 A는 역시 장비와

같은 인물이었다.

"그래, 생긴 대로 살자."

그는 그냥 살던 대로 살기로 했다. 그리고 다시 몸으로 일하기 시작했다. 그는 저돌성만큼은 결코 꺾이지 않았다.

《삼국지연의》의 또 다른 주인공 관우는 문무를 겸비한 장수로 평가받는 인물이다. 그는 유비가 촉나라를 건설하기 전의 어려운 상황을 극복하는 데 혁혁한 공을 세웠다. 상황이 변할 때마다 현상을 정확하게 파악해 최선의 대책을 강구한다. 전술을 세워 행동으로 옮기며 경거망동하지 않는다. 늘 자신의 역량 안에서 생각하면서 행동한다. 다만 국가를 건설하거나, 경영하는 역량은 다소 부족하다.

동기 B가 있다. 그는 자신을 둘러싸고 있는 환경에 잘 적응하려고 한다. 사회성도 있다. 매사 신중한 편이다. 어떤 일이 발생하면 먼저 생각하고 행동에 옮긴다. 관우형 인간이다.

어느 날 선배가 B에게 일을 시켰다. B는 지시 사항을 꼼꼼이 받아 적었다. 이해가 안 되는 점이 있었다. 그는 곧바로 질문을 던졌다.

"이 일의 성격은 어떤 건가요? 수행 방법에는 어떤 종류가 있나요?"

선배의 설명을 B는 귀 기울여 들었다. 그리고 다음 질문으로 망설임 없이 넘어갔다.

"수행 완료했을 때 예상되는 결과는 어떤 모양이어야 하는지요?

혹시 사업주가 원하는 모양이 있습니까? 의문 사항이 있을 때는 누구의 도움을 받아야 하는지요?"

또 한바탕 선배의 설명이 이어졌다. 설명을 들은 B는 자신의 의견도 전했다. 선배와 B의 대화가 의견 조율을 하는 상황으로 전개된 것이다. 둘의 대화는 건설적인 방향을 찾는 것으로 마무리되었다.

드디어 B는 업무에 착수했다. 일단 필요한 자료부터 찾았다. 이어서 로드맵을 작성했다. 그리고 일을 지시한 선배에게 준비한 자료를 설명했다. 선배는 검토 의견을 B에게 내놓았다. 피드백을 받은 B는 이런 생각이 들었다.

'나도 이 팀의 일원으로서 기여할 수 있구나. 이 팀의 일원으로 인정받고 있구나.'

그는 자신의 존재 가치를 느끼고, 보람을 느꼈다. 자신감이 생겼다.

세월이 흘러도 B는 한결같은 태도로 일했다. 선배들은 더욱 그에게 신뢰를 보냈다. 그를 믿고 점차 중요성이 더한 업무를 맡겼다. 그의 독립적인 업무 수행 역량은 점점 증가되었다. 다만 최고의 자리에 오르기에는 다소 부족했다. 현재를 직시하거나 미래를 예측하는 식견이 탁월하지 못했기 때문이다. 그도 자신에게 일인자로서의 역량은 모자란다고 생각했다.

제갈공명은 《삼국지연의》의 등장인물 중 가장 빼어난 전략가이다. 그는 무에서 유를 창조하는 전략을 품고 있다. 과거를 파악하고, 현재를 직시하며, 미래를 예측하는 탁월한 식견을 갖추고 있다. 역사에서 천하를 운영하는 전략 수립의 지혜를 얻고, 현재의 사실에서 실행할 전술을 수립하고, 현재의 경험에서 미래를 예측한다. 그는 국가를 건설할 수 있는, 또한 경영할 수 있는 역량을 갖고 있는 인물이다.

동기 C, 그는 단순 명쾌했다. 자신의 전공 외 분야에 대한 관심도 대단했다. 회사 업무 관련 세계 시장의 현황 및 트렌드, 연구 개발 항목 및 현황, 미래의 전망 등에도 지속적인 관심을 갖고 연구했다. 연관된 정보를 수집하고, 자료를 정리하는 일에도 부지런했다. 매사 서론, 본론, 결론으로 풀어내는 논리력도 뛰어났으며, 기획력도 최고였다. 그런 능력을 그는 팀원들과도 공유했다. 그래서 부서장도, 팀장도, 팀원들도 궁금한 사항이 생기면 어김없이 C를 찾았다.

C는 부서에서 가장 광범위하게 수행하고 있는 글로벌 연관 분야의 과거, 현재, 미래에 대한 정보를 가장 많이 갖고 있었다. 덕분에 유사한 업무들이 종종 주어졌다. 해외에서 연관 학술대회, 사업개발, 전시회 등이 열리면 우선순위로 참석자로 선발되었다. C의 업무 수행 절차는 동기 B와 유사했다. 거기에 탁월한 식견까지 갖추고 있었다. 세월이 흘러 C에게는 관리자로서의 역량이 축적되었다. 그 역량은 갈수록 확장되었다.

우리 주변에는, 우리가 속한 조직에는 장비형, 관우형, 제갈공명형의 인간이 함께 어우러져 살아가고 있다. 꼭 한 가지 유형을 정해서 그 길을 따라가려 애쓸 필요는 없다. 또한 어떤 유형이 가장 좋다고 단정할 수도 없다. 본 꼭지에서 소개한 A, B, C는 저마다의 장점이 있고, 나름 제3의 본성을 살려 열심히 자신의 삶을 사는 사람들이다. 장비의 저돌성, 관우의 신중함, 제갈공명의 현명함을 갖춘다면 완벽한 사람이라 불러도 손색이 없을 것이다. 그러나 그런 사람이 세상에 몇이나 되겠는가.

따라서 좌절하거나 포기하지 않기를 바란다. 자신이 부족한 사람이라며 자책하거나 스스로를 미워할 필요는 없다. 스스로에 대해 진지하게 생각하며 제3의 본성을 살리는 삶, 그것이면 충분하다. 그런 삶을 사는 유형이 바람직한 인간형이다.

시간을 지배하는 자

스마트폰 알람이 울린다. 무의식적으로 눈을 뜬다. 이불을 박차고 일어나 세면장으로 간다. 이를 닦는다. 세수를 한다. 책상에 앉는다. 다이어리를 편다. 일일 계획표를 편다. 생각한다.

'오늘 꼭 처리해야만 할 일은? 우선순위는? 방법은?'

우선순위를 정한다. 오늘 계획을 작성한다. 시간 단위로 상세하게 기술한다. 10여 분이 소요된다. 새 날을 맞이하는 의식이다. 귀중한 하루의 시간을 낭비하지 않기 위함이다.

출근길이다. 계획된 하루 일과를 좀 더 상세하게 구상한다. 그러다 보면 금방 회사다. 동료들과 인사를 나눈다. 책상에 앉는다. 아무 고민 없이 우선순위의 업무 수행을 위한 준비를 한다. 곧바로 착수한다. 첫 번째 우선순위의 업무를 종료한다.

두 번째 우선순위의 업무를 종료한다.

세 번째 우선순위의 업무를 종료한다. 하루 일과가 끝난다.

하루를 되돌아본다. 순간순간 행동들을 되새겨본다. 스스로에게 깜짝 놀란다. 상상하고, 계획을 세우고, 실천했을 뿐인데, 나 자신이 자랑스럽다. 하루의 시간을 지배한 나 자신이 자랑스럽다. 내 삶의 주인이 새삼스레 나 자신이라는 생각에 왠지 으쓱해진다.

가방을 챙긴다. 가족들의 얼굴을 그리면서 집으로 향한다. 행복한 얼굴이다.

위에 쓴 글과 같은 하루를 나는 보낸 적이 있다. 1년 365일을 이렇게 보냈다면 적어도 지금보다 더 나은 삶을 살고 있을지도 모른다.

시간을 지배할 것인가, 지배받을 것인가. 이것은 동서고금을 통해 많은 사람들의 숙제였다. 시간을 지배하며 살기는 정말 쉽지 않다. 그렇기에 시간 지배는 성공의 주요 요인 중 하나이다. 성공하는 삶을 사는 사람들의 공통된 특징 중 하나는 시간 지배 능력을 가졌다는 것이다. 현재는 삶속에서 처음이자 마지막이다. 한 번 지나간 시간은 되돌릴 수 없다. 매 순간이 귀중하다. 이를 모르는 사람은 없다. 그런데도 많은 사람들이 시간 지배에 실패하여 성공적인 삶을 살지 못한다.

신입사원 시절 한 선배 사원이 생각난다. 선배는 지방의 명문고등학교와 서울 S대를 졸업했다. 깐깐하다. 거의 완벽주의자다. 영어 실력은 말하기, 쓰기 모두 외국인 수준이다. 그런데 특별하게 잘난 척은 하지 않는다. 겸손하다. 예의 바르다. 싹수가 있다고 평가 받는다. 장래의 중요한 역할을 담당할 재목이라고 다들 말한다.

회사의 기대를 받는 선배는 특이한 행동을 했다. 출근하면 제일 먼저 책상 유리판 밑에 끼워둔 A4 크기의 용지를 교체했다. 나는 대수롭지 않게 여겨서 무슨 내용인지 들여다본 적은 없었다. 시간이 흘러 선배가 어떤 사람인지 점차 알아가면서 궁금해졌다.

'저 종이는 무엇일까? 매일매일 하루도 쉬지 않고 습관처럼 바꾸는 것이? 하루를 알차게 보내기 위한 일종의 주술적인 행동인가?'

그러던 어느 날 급하게 처리할 일이 남아서 야근을 했다. 선배는 먼저 퇴근했다. 한참 후 일을 마무리했다. 선배의 빈자리가 문득 눈에 들어왔다. 갑자기 선배 책상의 A4 용지의 정체가 몹시 궁금해졌다. 나는 무언가에 홀린 듯 선배의 책상으로 한 걸음 한 걸음 다가갔다. 죄 지은 사람처럼 가슴이 콩당콩당 뛰었다.

마침내 그 종이가 눈에 들어온 순간 나는 깜짝 놀랐다. 눈을 의심했다. 종이에는 고품질의 업무 결과물로 항상 칭찬 받는 비결이 있었다. 그 종이는 일일 업무 계획표인 것이다. 종이의 반쪽에는 한 달 계획이 주간 단위별로 기록되어 있었고, 나머지 반쪽 공간에는 그날의 계획이 우선순위 별로 쓰여 있었다. 선배는 시간을 지배하며 사는 사람이었다.

세월이 성큼 지나간 어느 날, 나는 창밖 풍경을 바라보고 있었다. 오늘따라 바깥이 고요하다고 느껴졌을 때 선배의 얼굴이 떠올랐다. 책상에 앉아 업무에 열중하는 모습, 사람들과 협의하는 모습, 팀장에게 업무 보고하는 모습, 누군가 문의할 때 답해주는 모습, 회식 자리에서 대화를 나누는 모습……. 결코 넘침도 모자람도 없는 자세였다. 잘난 척도 할 만하지만 늘 겸손한 선배였다. 그 배경은 과연 무엇일까? 지난날 선배의 책상에서 한 장의 종이를 발견했을 때 가졌던 느낌. 여전히 나는 그 느낌이 맞다고 믿고 있었다. 선배에게는 시간을 지배하며 사는 사람의 여유가 있었다. 그것이 겸손과 예의를 만들었고, 적극적인 업무 태도와 협업 정신을 만들었다고, 나는 믿는다.

중견 기업 사장님을 한 분 알고 있다. 생각이 참 많은 분이다. 머리가 희끗희끗해진 요즘에도 한창때와 달라진 게 없다. 늘 뭔가를 생각하며 다닌다. 생각이 많아서인지 사장님이 일으킨 중견기업은 오랜 세월 건실하다.

사장님은 일단 상당히 긍정적이다. 적극적이고, 성실하다. 언젠가 이런저런 이야기를 나누다가 사장님의 젊은 시절 경험을 듣게 되었다. 사장님은 대기업의 사원으로 사회생활을 시작했다고 한다. 회사 다닐 때 하루 근무 시간 중 자신의 일은 4시간 정도 걸려 종료하고, 나머지 시간은 주위 사람들의 업무를 도왔다고 한다.

"아니, 그 비결이 뭡니까? 솔직히 회사에서는 자기 일 하기도 바쁜데."

사장님은 무슨 대단한 비결 따위는 없다는 말투로 대답했다.

"비결은 무슨! 심플해요. 업무 지시한 사람의 의도를 정확하게 파악만 하면 되는걸."

"심플하긴 한데, 실제로 그게 가능해요?"

"지시를 받으면, 수행할 사항이 무엇인지, 어떻게 수행해야 하는지, 방향성은 어떻게 잡아야 하는지, 결과의 모습은 무엇인지 등등을 머릿속에 그리는 거예요. 이때 어떤 장애물이 예상된다? 그러면 지시받는 그 자리에서 어떤 해결 방안을 강구해야 하는지 물어봅니다."

그렇게 문의하면 지시자는 깜짝 놀란다고 했다. 어떻게 자신의 지시 사항을 그렇게 정확하게 이해하고, 예상하고 있는 어려움까지 알고 있느냐고 말이다. 아직 일은 시작도 하지 않았는데.

사장님의 '심플한' 비결이 그냥 얻어진 것은 결코 아닐 것이다. 부지런히 생각하며 사는 습관의 결과일 것이다. 다양하고 폭넓은 생각이 남보다 앞서는 비결이 된 것이 틀림없다. 사장님 역시 시간을 지배하는 사람이다. 그분에게 생각하는 습관이 없었다면, 생각으로 시간을 보내지 않았다면 시간을 지배하는 능력은 생기지 않았을 것이다.

시간을 지배하고 싶은가? 그렇다면 일일 계획을 수립하는 것부터 시작하기를 권한다. 다음은 그 계획을 하루하루 실천하고 사는 것이다. 실천에는 시간이 필요하기에 허투루 쓰는 시간이 줄어들 수밖에 없다. 물론 계획한 것을 실천하려다 보면 처음에는 늘 시간에 쫓길 것이다. 그러나 실천이 반복되고 습관화되면, 그 성취감을 느끼기 시작하면 점차 시간을 다룰 수 있게 된다. 여유가 생기면서 시간을 지배할 수 있는 힘을 얻게 된다. 그 힘을 얻으면 마침내 큰 성취의 길로 들어설 수 있다. 꿈을 품에 안을 수 있다.

chapter **4**

제3의 본성으로 행복하기

변화의 기회는 공평하다

"더 열심히 도와주었어야 했는데, 미안하이. 건강 조심하고, 이 젠 인생을 즐기는 여유도 가지시게나."

함께 직장 생활을 했던 선배 한 분이 은퇴를 하면서 남긴 인사말 이다. 기억에 남아 여기 옮긴다. 나와 함께 직장에서 동고동락했던 분들은 대부분 열심히 일했고, 성실했다. 그분들의 모습 하나하나가 문득문득 눈에 어린다. 이 인사말을 전하고 떠난 선배 역시 성실한 분이었다. 게다가 남을 돕는 데도 열심인 분이었다. 그런데도 많이 도와주지 못해 미안하다는 말을 남겼다. 귀한 인품에서 나온 진심이 아닐 수 없다.

이젠 인생을 즐기는 여유를 가지라는 말이 특히 가슴을 울린다. 선배는 회사에 몸담은 동안 일에만 매달리느라 여유로운 시간을 누 리지 못했던 모양이다. 그래서 그 서글픈 삶을 대물림해주고 싶지 않아 이런 말을 전했던 건 아닐까 싶다. 한편 나는 이 부분이 선배가 선배 자신에게 건네는 인사말일 수 있다고 생각한다. 선배는 이제부터라도 자신의 인생을 여유롭게 즐기는 인생으로 만들고자 마음먹은 듯하다. 그래서 이 인사말을 미리 마음에 담아두었다가 이별하는 날 꺼냈을지 모른다. 선배는 행복한 여생을 위해 변화하려고 꿈틀대기 시작한 것일 수 있다.

"어? 하다 보니 벌써 은퇴네. 이제부터라도 자넨 정신 바짝 차리고, 스스로의 삶을 주관하는 습관을 갖게나. 나의 인생은 나의 것이더라고. 누구도 내 인생의 주인이 될 수는 없는 것이더군."

한 선배는 은퇴의 순간 이런 인사말을 남겼다. 그분은 매사 열정적인 분이었다. 정말 열심히 생활해서 회사에서는 인정을, 후배들에게는 존경을 받았다. 이 선배도 열심히 살았지만 자기 인생의 주인으로서 살았다고 평가하기에는 스스로 미흡하다 느꼈던 모양이다.

그러나 선배는 은퇴 이후 달라질 것이다. 오랜 세월 뜨거웠던 선배의 열정으로 보았을 때 선배는 남은 인생을 주인으로서 살아갈 것이다.

어느 연로한 철학자의 말이다.

"지난 30여 년이 너무 후회스러워, 나는 퇴직할 때, 이후의 삶은 죽음을 준비하는 시기로만 생각했어. '평생 고생했는데, 가족을 먹여 살렸는데, 이젠 푹 쉬어야지. 죽기까지'라는 생각만 했지. 그런데

147

죽음이 바로 찾아오지 않아 30여 년을 더 살아버렸네. 그리고 지금 아흔다섯이 됐어."

철학자는 또 말했다.

"30여 년 전 그때 죽음만을 생각하지 않고 무엇인가 목표를 정해 몰입했다면, 30년이 흐른 지금 이렇게 후회하고 앉아 있지만은 않았을 거야."

그리고 뜻밖의 말을 덧붙였다.

"이제라도 영어 공부를 시작할까 해."

영어 공부를 하려고 마음먹은 이유에 대해서는 이렇게 설명했다.

"100세 시대인데, 5년 후 혹은 10년 후에 '지난 아흔다섯 살 때도 죽음만 생각하고 아무것도 안 한 게 후회가 되네'라는 말을 하게 될까 봐. 그런 내 모습을 상상하기는 진짜 싫더라고."

지금까지의 서술은 철학자와 내가 직접 나눈 대화를 옮긴 것은 아니다. 생생하게 전달하기 위해 마치 단둘이 대화를 나눈 것처럼 서술한 것이다. 나는 이 철학자의 말들을 시중의 어떤 글로 접했다. 깊은 인상을 받아 오랫동안 간직하고 있다.

어느 날 존경하는 선배가 퇴직을 했다. 선배는 내게 퇴직 인사를 글로 전해주었다. 나는 답글로 이 철학자의 일화를 드렸다. 선배에게서 고맙다는 회신의 글이 왔다. 역시 선배였다. 선배는 좋은 것을 알아볼 줄 아는 눈과 담을 수 있는 그릇을 가진 인물이었다.

하루하루 인생을 즐기시게, 당신이 즐거워야 주위 동료들이 즐겁다네. 하루하루 행복하게 보내시게, 당신이 행복해야 매순간 함께 하시는 분들이 행복하다네. 동료분들뿐 아니라, 고객도 마찬가지라네. 자네가 넉넉해야 이웃 분들께 조그마한 것이라도 줄 수 있다네. 가장 중요한 것은 자네 자신이네. '수신제가치국평천하'라는 말이 이제야 가슴에 절절히 느껴지네. 자네에게도, 동료들에게도 못할 짓 많이 했지? 힘들었을 걸세. 정말 미안하이. 남은 직장생활 잘하시게나. 나처럼 후회하지 말고.

위의 한 토막의 글은 고맙다는 회신의 글에 담긴 '추신' 부분이다. 몇 개의 문장 중에서 유독 "'수신제가치국평천하'라는 말이 이제야 가슴에 절절히 느껴지네"라는 문장이 뇌리를 흔들었다. 무슨 의미일까? 처음에는 잘 몰랐지만 이내 알게 되었다.

선배는 그야말로 '산업 역군'이었다(그 시절 많은 선배들이 그러했다). 오직 직장에만 올인했다. 가정은 아내에게 모두 맡기고 일만 했다. 아이들이 언제 초등학교를, 중학교를, 고등학교를 입학하고 졸업했는지 기억에 없다고 말할 정도였다. 그렇게 정신없이 살았는데, 어느 순간 아들딸이 어엿한 신사와 숙녀가 되어 눈앞에 딱 나타났다고 했다. 그때 아찔하다고 했다. 일에만 얽매여 살아온 인생이 후회된다고 했다.

선배는 이제 후회하지 않을 것이다. 변화할 것이니까. 가정에 충실한 가장으로 살아갈 것이니까. 산업 역군 선배에게는 그러한 동력이 충분하다.

　나의 선배들 대부분은 청춘이 어떻게 지나갔는지도 모르게 일만 하며 살았다. 대부분은 일을 자신의 신성한 의무로 여겼고, 사회도 그것을 강요했기에 그랬던 것 같다. 그런 선배들이 은퇴 시점에서 그것이 옳지만은 않다는 사실을 비로소 깨달았다. 깨달은 뒤에는 변화를 꿈꾸었다. 제3의 본성을 작동시킨 것이다.

　변화에는 때가 없다. 언제나 할 수 있다. 또한 누구나 할 수 있다. 특별하고 대단하고 능력 있는 사람만 하는 것이 아니다. 변화하려는 사람이 특별하고 대단하고 능력 있는 사람인 것이다. 변화의 기회는 공평하다. 그 기회를 놓치고 살 것인가?

의미 있는 삶을 위하여

수많은 삶들이 이 지구상에 왔다 간다. 어떤 삶은 지고한 삶이었다고 평가받고, 어떤 삶은 차라리 없었으면 좋았을 것이라 평가받는다. 좋은 평가든 나쁜 평가든 세상에 어떤 족적을 남겼다면 역사책에 기록되기도 한다.

그러나 대부분의 사람들은 어디서 와서 어디로 갔는지 흔적조차 찾기 어렵다. 물론 그 가족들의 기억 속에는 남아 있겠지만 말이다. 많은 삶들이 세월의 흐름과 더불어 뇌리 속에서 사라진다. 그렇다고 무의미한 삶이라고 할 수는 없다. 책에 기록되는 삶만이 의미 있고 가치 있는 삶은 아니다. 흔적 없이 역사의 뒤안길로 사라져간다고 해서 서운해할 것은 없다. 살아 있을 때 의미 있게 살면 그것으로 충분한 것이다.

칠흑같이 주위가 컴컴했다. 꽤나 높은 빌딩의 옥상에서 나는 어슬렁거렸다. 이쪽으로 왔다, 저쪽으로 가기를 여러 차례 반복했다. 그러다 걸음을 멈추고 어두움만을 비추는 길가의 가로등을 응시했다. 도로 위를 지나가는 차들을 한참동안 내려다보기도 했다. 하늘을 향해 얼굴을 돌리기도 했다. 이 직장에 들어와 생활한 지도 10여년, 강산이 변한다는 시간이 흘렀다. 나는 그 시간을 찬찬히 되돌아보았다. 입사 지원서 내던 날, 필기시험 보던 날, 면접시험 보던 날, 합격 통지서 받던 날의 장면들이 차례로 머릿속을 스쳐갔다. 입사 후 정신 못 차리고 이리저리 왔다갔다 분주하게 보냈다.

'몸은 그렇게도 바빴는데, 내 머릿속은 어땠을까? 생각이라는 것은 하면서 살았나?'

차분하게 생각을 하며 보낸 기억이 드물었다. 그날그날 던져진 환경 속에 속절없이 시간만 보낸 것 같았다. 술 생각이 났다.

퇴근 후 골목의 대폿집에서 동료들과 한잔 기울였다. 직장 상사를 안주 삼아 몇 순배 술잔을 돌렸다. 막차 시간이 다가오고 있었다. 아내의 얼굴이 떠올랐다. 주섬주섬 겉옷과 가방을 챙겨들고 일어섰다. 여기저기서 "한 잔 더, 한 잔 더" 하고 외쳐댔지만, 손사래 치며 버스 정류장으로 향했다.

버스가 다가오자 안도의 한숨이 나왔다. 막차를 탔다. 취기가 올라오며 잠이 스르르 왔다. 한 시간 정도 지났을까? 눈이 뜨였다. 차창 밖을 내다보았다. 우리 집에 거의 다 왔다.

축 처진 몸을 정신력으로 버티며 균형을 잡았다. 씩씩하고 용감하게 아파트 단지 내의 길을 따라 집으로 향했다. 초인종을 눌렀다. 아내가 반갑게 맞아주었다.

"수고 많았어요. 저녁 드셨나요?"

"먹었어요. 애들은 잘 자나?"

의례적인 대화를 나누며 화장실로 향했다.

화장실에서 거울을 쳐다보았다. 미안한 마음이 몰려들었다. 거울에 비친 내 모습이 초췌했다. 비시시 웃음이 나왔다.

화장실에서 나와 그대로 침대에 몸을 던졌다. 그리고 긴 잠에 빠져들었다.

눈을 떴을 때는 벌써 출근 시간이었다. 정신없이 옷을 챙겨 입고 집을 나섰다. 허겁지겁 뛰어서 버스에 올랐다. 10여 년간 거의 비슷하게 연출된 장면들이다. 그래서 또 비시시 웃음이 나왔다. 달라져야겠다는 생각이 문득 들었다.

나는 달라지려고 노력하기 시작했다. 동료들이 소주 한잔하자고, 막걸리 한잔하자고 제의를 해도 정중히 거절했다. 급하게 할 일이 있다고 변명했다. 야근을 하는 날에는 사내 식당에서 혼자 저녁 식사를 했다. 잠시 소화를 시키기 위해 혼자 옥상으로 올라갔다. 옥상에서 먼 산을 바라보기도 했고, 지나가는 사람들을 유심히 내려다보기도 한다. 저 멀리 고속도로 위를 달리는 차량들을 넋 놓고 바라보기도 했다. 빌딩 아래 8차선 도로를 빼곡히 메운 차량들에 눈길을 주기도 했다. 그렇게 마음에 휴식을 주었다. 의미 있게 살아야겠다는 생각이 들었다. 마음에 평온이 찾아오는 느낌이었다.

그 후 한 선배가 유명을 달리했다. 사십대 중반의 가장이 불의의 사고로 세상을 뜬 것이다. 이 세상에서의 마지막 의식이 부산의 공원 묘지에서 거행되었다. 동료들이 많이 왔다. 유족들은 망연자실했다. 말을 잃은 미망인은 고인의 회사 동료들을 보면 눈물만 흘렸다. 어느 누구도 한마디 말이 없었다. 조용했다.

조용한 가운데 의식이 끝났다. 모두들 의례적인 인사를 뒤로하고 버스에 탔다. 또 정적이 흘렀다. 나는 차창 밖을 무연히 바라보았다. 선배는 정말 열심히 살았다. 업무가 많아 늦은 시간까지 일한 적이 많았다. 가끔 나와 생맥주 한잔 마신 후 노래방에서 노래를 부르며 스트레스를 해소하곤 했다. 선배는 〈부산 갈매기〉를 특히 잘 불렀다. 이제 그 노래를 들을 수 없게 되었다고 생각하니 마음이 착잡했다. 가슴에 담아두었던 눈물이 주르르 흘렀다. 선배는 내게 의미 있는 사람이었다.

그리고 또다시 일상이 시작됐다. 몸이 바쁘게 움직였다. 분주한 가운데 약간의 여유 시간이 생겼다. 나는 나 자신에게 물었다.

"너는 꿈이 무엇이었냐? 지금도 그 꿈, 있기나 하냐? 아니면, 바꿨냐? 아니면, 바꿔야 하는 것이냐?"

이런 저런 물음들이 머릿속으로 몰려왔다. 유명을 달리한 그 선배처럼, 어느 날 세상과 갑자기 이별한다면 어떤 상황이 연출 될까? 나는 어떤 모습으로 내 이웃들에게 기억될까? 직장에서, 가정에서,

사회에서 어떤 사람으로 평가받을까?

먹먹했다. 답답했다.

'나의 소명은, 사명은 무엇인가? 이 세상을 왔다 가는 수많은 사람들 중의 한 명으로 남을 것인가?'

먹먹함과 답답함 속에 소망이 피어났다. 역사책 속에 이름을 남기지는 못하더라도 "아름다운 삶, 가치 있는 삶을 산 사람이다"라고 지인들에게 평가받는 삶을 살고 싶었다. 나를 추억하는 사람들에게 "함께했던 시간이 너무 그립다. 함께해서 행복했다. 우리에게 없어서는 안 될 사람이었다"라는 말을 듣고 싶었다.

그 소망을 이루려면 내가 달라져야 했다. 마침 나는 조금씩 달라지고 있는 시기였기에 더욱 각오를 단단히 다졌다. '아름다운 삶을 살자'라는 꿈이 생겼으므로 스스로에게 채찍질을 가해야만 했다.

이제 오십대. 지난날 아름다운 삶을 살자고 각오했던 나는 여전히 같은 꿈을 갖고 있다. 그런데 사실 지금껏 꿈을 위해 디테일하게 무언가를 실천하지는 못한 편이었다. 이제부터라도 꿈을 이루기 위한 목표를 구체적으로 설정하고 계획적으로 실행하며 살아갈 작정이다. 단 하루를 살더라도 인간답게, 보람 있게, 가치 있게, 생동감 있는 모습으로 꿈을 이루어가는 삶을 살 생각이다. 지금 상황의 결과는 나의 책임이고, 미래의 삶이 어떤 모습으로 변하는가 역시 전적으로 나의 책임이다. 나는 나를 책임질 것이다.

요즘은 하루하루가 아름답다. 매일매일 계획하고, 실천하고, 점검하는 삶을 살고 있기 때문이다. 오늘에 충실하며 인생의 꿈을 이루어가고 있기 때문이다. 잠들기 전에 고백한다.

"오늘 너무 행복했습니다."

행복할 수밖에 없다. 실천하는 삶 속에서 나 자신을 신뢰하게 되었으니 말이다. 내가 나를 믿는 것, 이것만으로도 엄청난 무언가를 이룬 것이라 생각한다. 아니, 확신한다.

주인님,
나를 책임지시겠습니까?

내 삶의 주인은 자기 자신이다.

이 말은 자신의 인생은 결코 타인이 책임져주지 않는다는 말도 된다. 책임은 어디까지나 주인이 지는 것 아닌가. 타인의 실수나 견제나 공격으로 '나'의 인생이 망가져도 최종 책임은 자신이 질 수밖에 없다. 결국 자기 인생은 자기가 사는 것이므로.

그래서 사실 산다는 것 자체가 쉬운 일은 아니다. 사는 것은 녹록하지 않다. 그런데 성공적인 삶을 살아야 한다니, 현실적으로 정말 버거운 일이 아닐 수 없다.

누구나 살다 보면 많은 장애물을 만난다. 질병이나 사고부터 각종 재해와 범죄까지. 이런 극단적인 일들이 아니더라도 장애물은 많다. 가족의 반대, 친구나 동료의 배신, 상사로부터의 불인정 등 마음만 먹으면 수백, 수천 가지를 찾아낼 수 있을 것이다.

장애물은 사람을 좌절하게 만드는 힘이 있다. 목표를 설정하고 살아가던 많은 사람들이 장애물에 걸려 그 목표에 도달하지 못하는 경우가 무척 많다. 일단 추진력이 약해지고, 될 거라는 믿음이 희미해진다. 그래서 도중에 중단하고 만다. 이런 서글픈 사건을 최대한 막으려면 어떻게 해야 할까? 이제부터 그 답을 고찰해보고자 한다.

첫째, 실천 계획의 현실성을 살려야 한다.

실천 계획이 비현실적일 경우 스스로 힘에 겨워 포기하는 일이 생기기 쉽다. 장애를 만나면 그 힘겨움은 배가된다. 실천에 옮기는 각 단계별 세분화된 작은 목표가, 자신이 갖고 있는 추진 동력원을 훨씬 초과하는 능력 밖에 있는 것은 아닌지 면밀히 검토해야 한다.

둘째, 성취할 수 있다는 믿음을 지켜야 한다.

사람이라면 누구에게나 실패에 대한 불안과 두려움이 있다. 더구나 처음 경험하는 일이라면 더더욱 그러하다. 목표를 향해 가는 도중에 '정말 잘되고 있는 것일까?', '제대로 방향을 잡고 가고 있는 것일까?', '방향은 잘 잡았나?' 하는 의문이 들 수 있다. 이때 마음을 잘 다스리고 추슬러야 한다. 또한 실천 계획의 현실성을 한 번 더 검토해보는 것도 좋다. 검토 후 수정할 사항이 있으면 즉각 반영하자. 그러면 성취에 대한 믿음이 다시 회복될 수 있다.

먼저 성공을 이룬 사람의 사례를 곱씹는 것도 좋은 방법이다. 그를 롤 모델로 삼고 성공 노하우를 따라 하면 작은 성공의 체험을 쌓을 수 있다. 이것들이 많이 쌓이면 성취에 대한 믿음은 한결 단단해진다.

셋째, 유익에 대해 의심해서는 안 된다.

'목표를 이루었을 때 과연 내가 얻는 것이 뭘까?'

목표를 향해 가는 도중 지치고 힘들 때 이런 의문이 들 수 있다. 남들처럼 그저 그렇게 살아도 될 것을 왜 고생하며 살고 있는지, 목표를 성취해서 어쩌겠다는 것인지, 나에 대한 유익이 무엇인지, 이렇게 의문은 걷잡을 수 없이 번질 수 있다. 그러나 목표를 향해 가는 여정에서부터 우리는 많은 것을 얻을 수 있다. 그것을 깨닫지 못할 뿐이다. 유익에 대한 의심이 들 때 지금까지의 과정을 찬찬히 되돌아보자. 분명 얻은 것이 있을 것이다.

달성 후의 미래 상황을 상세하게 머릿속으로 시뮬레이션해보는 방법도 추천한다. 시뮬레이션을 통해 그 결과의 가치를 느낄 수 있다.

넷째, 하루하루를 수동적으로 살아서는 안 된다.

'아! 오늘도 이것을 해야 하는구나. 내일도 이 일을 또 해야만 할 텐데.'

하루를 이런 마음으로 시작하면 이미 그 하루는 끝난 것이다. 하루 종일 시간에 질질 끌려가며 살아가게 될 것이다. 그런 하루들이 이어지면 이내 맥이 풀리고 의욕을 잃을 것이다. 그 사이 꿈은 멀어져가고 잊히고 만다.

적극적이고 능동적인 마인드가 좀처럼 생기지 않는다면 작은 일한 가지를 습관화해보자. 가령 '하루 한 쪽씩 책 읽기' 따위를 실천해서 습관화시키는 것이다. 어떤 일이 습관화되면 성취감이 생기고, 성취감은 능동적인 마인드를 불러일으킬 수 있다.

이 네 가지 말고도 많은 답이 있을 수 있다. 아니, 분명히 더 있다. 스스로 답을 찾아보는 노력과 의욕을 가져보자. 그런 사람은 장애물을 만났을 때 견디는 힘을 기본적으로 어느 정도 갖추고 있는 것이다. 답을 찾는 방법은 다양하다. 인생 선배에게 자문 구하기, 관련 도서 찾아보기, 강연 듣기 등 눈만 돌리면 여러 가지 창구를 만날 수 있다.

중요한 것은 '내'가 움직이는 것이다.
'나'는 '내 삶'의 주인이므로.

대통령이 한 일,
나도 할 수 있다

한 전임 대통령은 자신이 "가난한 농부의 아들"이라고 말하곤 했다. 항상 입에 달고 다녔던 말이다. 출신 성분을 말해주는 이 말에는 조상의 덕을 보지 못했다는 의미가 포함되어 있다. 유전적으로도 우수한 DNA는 갖지 않고 태어났다는 사실을 내포하고 있다. 한마디로 생물학적 본성(선천적 본성 혹은 제1의 본성)은 별 볼일 없다는 이야기다.

그 전임 대통령의 육성적 본성(후천적 본성 혹은 제2의 본성)은 어땠을까? 알아볼 필요도 없을 듯하다. 빈한한 농부의 집안에서 가르쳤으면 얼마나 가르쳤을까? 배웠으면 얼마나 배웠을까? 그는 '농사는 하늘의 뜻'이라든가 '배부른 게 제일'이라는 가치관 등을 주로 형성했을 것이다. 오늘날의 말로 표현하자면 그는 그냥 흙수저였다.

그런데 그 흙수저가 우리나라의 대통령이 되었다. 대통령이 되어 전 세계에서 가장 빈곤한 나라 중 하나인 우리나라를 세계 10위

권의 경제 대국으로 부흥시켰다. 그러면서 자신이 흙수저라는 사실을 늘 자랑스럽게 여겼다. 선진국의 금수저 정상들 앞에서 눈을 크게 뜬 채 대담하게, 떳떳하게 말했다. 국내에서나, 국외에서나, 때와 장소를 가리지 않았다.

제2차 세계대전 종전 후 해방을 맞은 우리나라는 곧 이은 한국전쟁으로 말미암아 그나마 있었던 산업설비들이 대부분 파괴되었다. 희망이라고는 눈 씻고 찾아봐도 볼 수 없었던 나라였다. 어쩔 수 없이 다른 나라의 도움을 받아야만 했다. 다행히 전 세계 많은 국가들이 군사적으로, 의료적으로, 경제적으로 크고 작은 도움을 주었다. 이때 도움을 준 나라들 중에는 우리와 경제적 수준 차이가 하늘과 땅만큼 큰 나라도 있었다. 금수저도 한참 금수저인 나라들이었다. 그들 앞에서 '나는 흙수저 나라의 대통령입니다'라고 선언하는 것이 자랑스러웠을까 창피했을까? 당시 대통령의 속마음을 들여다볼 수는 없지만 자랑스럽기는 힘들지 않았을까 짐작된다. 그러나 그런 선언이 옳은 행동이었다고 판단된다. 일국의 지도자는 정확한 현실 인식을 가져야만 한다. 그것이 부족하면 국가 경제에 거품이 끼고, 그 피해는 국민들이 고스란히 떠안게 된다.

그 시절 우리의 대통령은 전 세계에 흙수저임을 선언하면서 꼭 성공해서 존엄성을 회복하겠다는 의지를 남몰래 다졌을지도 모른다. 그 굳은 의지는 대통령의 정체성을 확립시켰고, 정체성이 확고한 대통령은 꿋꿋이 일하며 대한민국을 부흥시켰으리라 생각된다.

'대한민국 재건'을 꿈으로 정하고, 그 꿈을 향해 부지런히 달렸으리라 짐작된다. 즉 제3의 본성을 발현시켜 자신의 변화와 국가의 변화를 이루어냈을 것이다.

　결국 열쇠는 의식의 변화이다. 제아무리 금수저라도, 슈퍼 금수저라도 일평생 아무것도 안 하고 금싸라기 밥만 먹을 수는 없다. 혹시 그런 금수저도 있을지는 모르겠지만, 대부분은 아니다. 금수저도 금수저를 계속 유지하기 위해서는 의식의 변환이 필요하다. 안일한 사고방식에 머물러서는 금수저를 잃어버릴 수도 있다.

　다시 한 번 강조한다. 아무리 강조해도 지나치지 않기 때문이다. 생각이 바뀌면 행동이 바뀌고, 행동이 바뀌면 습관이 바뀌고, 습관이 바뀌면 삶이 바뀐다. 구구단처럼 자동으로 튀어나올 수 있도록 이 명제를 머리와 가슴에, 온몸에 새겨두기를 바란다. 근대화를 이룬 대통령의 의식을 본받아야 한다. 이것은 나의 정치적인 입장과는 하등 관계가 없다. 정치 이야기가 아니다. 의식의 변화를 통해 성공을 이룬 성공 사례를 본보기로 삼자는 것뿐이다.

　흙수저 출신이든 금수저 출신이든 변화하는 환경에 지혜롭게 대처해야 꿈을 이룰 수 있다. 지혜롭게 대처하는 것은 의식의 변화를 통해서만 가능하다. 즉 제3의 본성을 발현시켜야만 한다. 제1의 본성과 제2의 본성에 취해 안주하면, 결코 목표를 달성할 수 없다. 혹시 달성하더라도 그 결과는 미미할 것이다. 선천적 본성도, 후천적 본성도 사회 진출 후의 삶에 커다란 영향을 주지는 못한다. 물론 커다란 영향을 미치는 경우가 아예 없는 것은 아니다. 그것들에만 머물면 삶이 발전하지 못하는 '커다란 영향'을 받게 될 것이다.

인생의 꿈을 이루고 싶은가?
그렇다면 다시 처음으로 돌아가자.
그 '처음'은 의식의 변화이다.

지금 새해
목표와 결심은?

새해 벽두에는 많은 사람들이 새로운 목표를 세운다. 올해 이것만은 꼭 달성해야겠다는 각오로 하얀 백지에 결의를 써놓기도 한다. 그런 일을 했다는 사실에 뿌듯함을 느낀다.

하지만 나는 좀 달랐다. 새해 목표를 써놓고 나면 이런 생각이 들었다.

'연초에 할 일 한 가지는 했네. 그런데 가만 보니, 크게 바뀐 것이 없네?'

새해 새롭게 세운 새 목표는 작년의 목표와 유사했다. 더 오래 들여다보면 재작년과 또 몇 년 전과도 별로 달라진 게 없었다. 그저 단어 하나, 수식어 하나 바뀌었을 뿐이다.

이런 경험을 몇 번은 했다. 처음에는 내가 해마다 똑같은 신년 목표를 세우는 이유를 잘 몰랐었다. 몇 번 되풀이하고 나서야 알게 되었다. 나는 새해 계획을 해당 연도에 실현하지 못한 것이다.

그것을 깨달은 그해, 설날을 맞이해 가족들이 모였다. 아이들 할아버지, 할머니까지 함께해 밝고 명랑한 분위기를 만들었다. 한복을 입은 우리 아이들은 줄곧 신나는 표정이다. 아마도 곧 손에 들어올 세뱃돈 때문인가 싶다. 중년부부인 우리 내외가 먼저 할아버지, 할머니에게 세배를 올렸다. 그러자 할아버지는 호주머니에서 신년 덕담이 담긴 봉투를 한 장씩 꺼내 아들과 며느리에게 차례로 주셨다. 사자성어다. 올 한해 건강하고 형통하길 바라는 마음이 담긴. 부모의 깊은 사랑이 느껴진다.

이제 아이들이 할아버지, 할머니에게 세배 드리고, 세뱃돈을 받는다. 엄마 아빠와 똑같이 덕담 봉투도 받는다. 이번에도 사자성어다. 꿈을 이루는 한 해가 되었으면 하는 마음이 담긴. 할아버지는 손주들에게 삶의 지혜가 녹아 있는 사자성어의 의미를 자세히 설명해 주셨다. 아이들은 연신 고개를 끄덕였다. 그 사이 해가 아파트 건너로 넘어갔다.

가족들이 모여 음식을 나누었다. 그러면서 신년 목표와 계획이 무엇인지 서로서로 이야기를 나누었다. 꼭 이루어지기를 다 함께 박수로 격려했다. 올해는 예년과 달리 목표한 것과 계획한 것을 필히 이루자고 기원하면서 각자의 방으로 돌아갔다.

나는 기필코 목표를 이루겠다고 다시 한 번 남몰래 각오를 다졌다.

언젠가 나는 회사에서 보낸 신년의 풍경을 회상해보았다. 막내

생활을 몇 년 했는데, 그때는 신년이나 연중이나 연말이나 별 차이가 없었다. 늘 정신없이 일했기 때문이다. 새해 첫 출근한 사무실에서 연간 계획을 작성하기도 했다. 그런데 작성하고 나면 이런 생각이 들었다.

'올 신년도 별 특별한 사항은 없네. 올해도 막내니까 선배님들 서포트나 잘해야겠다.'

그러고 나면 우습게도 벌써 올해가 다 지난 느낌마저 들었다.

팀장 시절의 신년 첫날은 일단 뭔가 분주했다. 신년 업무 계획을 수립해야 했기 때문이다. 사업 수행 로드맵을 보고, 신년의 사업 수행 주요 업무가 무엇인지 파악한다. 상세 수행 계획들까지 꼼꼼히 체크하고, 팀원들의 얼굴을 떠올려본다. 팀 내 업무 분장이 적절히 되어 있는지 생각해본다. 업무 분장에는 표시되어 있지 않은, 숨어 있는 사항들이 무엇이 있나 생각해보고 해야 할 업무를 메모한다. 그 사이 벌써 한나절이 훌쩍 지나간다. 팀장을 하면서는 대부분 이렇게 신년의 하루를 보냈다.

어느 해에도 이전과 거의 똑같은 신년의 하루가 지나갔다. 그날 나는 구내식당에서 저녁을 먹고, 창밖을 내다보았다. 새해 '첫 퇴근'을 하는 차들이 평소와 다르게 활기찬 것 같았다. 아마도 신년에 대한 기대로, 꿈으로 가슴이 설레기 때문일까? 생뚱맞은 생각을 지우고 나는 다시 자리에 앉아 미처 완성하지 못한 신년 계획을 마무리했다. 그러자 이런 생각이 들었다.

'만만치 않은 한 해가 될 것 같네.'

나는 분장된 업무들을 다시 한 번 들여다보았다. 사업 수행과 기술개발을 종합하여 작성한 일정을 지그시 쳐다보았다. 어느 정도 만족스러웠다. 만만치 않은 한 해이겠지만 동시에 해볼 만한 한 해도 될 것 같았다. 나는 깨끗이 책상을 정리했다. 자리에서 일어나, 건물을 나섰다. 신년 첫날부터 퇴근 시간이 늦었다. 가능하면 일찍 집에 가서 자녀들과 시간을 보내겠다고 약속했었는데, 지키지 못했다. 가장으로서는 마음이 무거웠지만, 팀장으로서는 가벼웠다. 어쩔 수 없는 현상인 것 같았다. 싫든 좋든 나는 팀장이었으니까.

팀장보다 높은 부서장 시절. 그때의 신년 첫날은 일단 무거웠다. 팀들의 현황을 머릿속에 그리며 전략을 수립해야 했기 때문이다. 그것이 부서장의 임무였다. 팀들의 조화를 이루어내는 것 역시 중요한 임무 중 하나였다. 큰 조직일수록 팀들 간의 긴밀한 협조가 없다면 목표한 결과를 달성하기 어려운 것이 보편적인 현실이었다.

부서장으로서의 어느 신년 첫날 나는 예비 고객들의 얼굴을 떠올렸다. 그리고 이런 생각을 했다.

'팀들이 고객들의 가치 창출에 어떻게 기여할 수 있을까?'

그날은 퇴근하기 위해 자리에서 일어날 때까지 이 생각에 젖어 있었다. 부서장이었기 때문에 그러했던 것이다.

고백하자면 팀장 때나 부서장 때나 새해 세운 계획을 그대로 연

말까지 유지하지 못한 적이 있었다. 한마디로 목표를 이루지 못한 것이다. 원인은 명확했다. 상세 실천 계획이 미흡해서 실천력이 떨어졌기 때문이다. 그런 한 해를 보내고 나면 다음 해에 지난해와 별반 다를 것 없는 목표를 세우게 되기도 한다. 그러면서 다짐만 '새롭게' 한다. 가정에서 개인적인 신년 목표를 세울 때 그랬던 것처럼 말이다.

목표가 우리 몸이라면 실천 계획은 뼈대와 같다. 뼈대가 튼튼해야만 몸은 활기차게 움직일 수 있다. 본 꼭지에서 실천 계획 이야기를 다시 꺼낸 것은 그만큼 중요도가 높기 때문이다. 새해 벽두 야심 차게 목표를 세운 뒤 한두 달쯤 지나 시들해져 있다면 실천 계획에 고장이 나 있을 확률이 매우 높다. 이를 점검하지 않고 계속 나아가면 연말에는 초라한 성적표를 받아들게 될 것이다.

혹시 지금 이 순간 목표 달성에 대한 열의가 떨어져 있는가? 그렇다만 당장 실천 계획을 검토해보기 바란다.

장밋빛 인생과
행복 바이러스

'장밋빛 인생'이라는 표현이 있다. 사람마다 정의는 다를 수 있을 텐데, 나는 '행복한 인생'을 빗댄 표현이라 생각한다.

행복한 인생을 만드는 '행복'이 거창한 것이라고는 생각하지 않는다. 스스로에게 만족하는 삶, 일상 속에서 작은 기쁨과 감사를 느끼는 삶, 하루하루를 보람 있게 일구어내는 삶이라고 생각한다. 내게는 그 정도면 행복한 인생이자 장밋빛 인생이다. 그래서 이제는 식상해졌을지 모를 이야기를 또다시 꺼낸다. 생각은 행동을, 행동은 습관을, 습관은 인생을 만든다. 따라서 장밋빛 인생은 장밋빛 인생을 살겠다는 생각에서부터 태어난다.

장미를 '꽃의 여왕'이라고도 부른다. 그만큼 아름답기 때문이다. 물론 장미를 싫어하거나 밉게 생겼다고 생각하는 사람도 있을 수 있다. 그러나 어쨌든 많은 사람들이 장미의 아름다움을 인정하기에 그런 별명을 붙였을 것이다.

꽃의 여왕답게 장미는 아름답다. 장미에게는 '아름다움'을 뽐내는 것이 정체성을 지키는 행위인 듯하다. 꿀을 나르는 벌처럼 사람들은 장미의 아름다움을 곳곳에 퍼뜨린다. 장미의 정체성을 일러준다.

우리의 삶도 장미와 같아야 하지 않을까 생각한다. 아름다움을 발산하는 삶 말이다. 스스로에게 만족하고, 일상에서 기쁨과 감사를 느끼고, 하루하루를 보람 있게 보내는 삶을 살면 우리의 삶은 아름다워진다. 그리고 그 아름다운 삶은 이웃에게, 동료에게, 친구에게 전해진다. 즉 '나'의 아름다운 삶으로 인해 세상에 선한 영향력이 번지는 것이다. 선한 영향력이 번지면 우선 자신이 행복해지고, 이어서 타인이 행복해진다. 그러면 결과는 단순해진다. 우리의 세상이 행복한 세상이 되는 것이다.

장미처럼 사는 삶은 행복 바이러스를 퍼뜨린다. 행복 바이러스는 누구나 만들어낼 수 있다. 누구나 그 진원지가 될 수 있다. 마음만 먹으면 된다. 즉, 생각의 변화에서 행복 바이러스는 탄생한다. 가령 직장에서도 행복 바이러스를 만들어낼 수 있다. 회사 업무를 철저하게 계획을 세워 효율적으로 완수해보자. 우선 일을 해낸 본인이 만족스러워 기분이 좋아질 것이다. 그런 상태에서는 아무래도 동료에게 건네는 말투부터 뾰족하기보다는 부드러워질 것이다. 눈길도 따뜻해지고, 자연스럽게 미소도 얹어질 수 있다. 그런 말투와 눈길과 미소를 받은 동료의 기분은 어떨까? 화가 날까? 당연히 아닐 것이다. 좋은 기분을 느낄 게 틀림없다. 기분이 좋아진 그 동료 역시 다른 사람에게 대하는 태도가 달라질 것이다. 이 과정이 여러 단계를 거치면 결국 사무실 전체가 화기애애해질 것이다. 직장생활을 하는 사람이라면 이와 비슷한 경험을 한 적이 한 번쯤은 있을 것이다.

우리 주위에는 부유한 삶을 살면서 불행하다고 불평하는 사람이 있다. 반면 가난한데 행복하다고 만족하는 사람도 있다. 어떤 사람은 건강한데 불행하다고 한다. 또 어떤 사람은 몸이 불편한데 행복하다고 한다. 누구는 사랑을 받고 사는데 불행하다고 한다. 누구는 사랑을 주고 사는데 행복하다고 한다. 이런 현상을 보면 행복의 기준은 정말 다양한 모양이다.

분명한 것은 돈, 건강, 사랑이 절대적인 행복의 기준은 아니라는 사실이다. 각각 자신만의 기준이 있다는 사실이다. 가난한 아프리카 지역이 부유한 북아메리카 지역보다 행복 지수가 높다는 것은 이 사실을 방증한다. 그런데 각각 다른 '자신만의 기준'을 일일이 파헤쳐서 정보화한다는 것은 사실상 불가능하다. 세상 모든 사람을 대상으로 인터뷰나 설문 조사를 할 수는 없는 노릇이니 말이다. 그러나 나는 짐작할 수 있다. 아니, 확신한다. 행복은 마음먹기에 달렸다는 것을 세상 많은 사람들이 인정할 것이라고 말이다.

어느 날 우리 회사에 새내기들이 합류했다. 하나같이 앳된 모습이다. 나는 나도 모르게 살며시 웃음 지었다.

'나한테 저런 때가 있었나?'

아마도 있었으리라 생각된다. 없었다면 나는 불행한 사람이 아닐까?

앳된 새내기들이 교육을 받는 시간이다. '직장 생활을 어떻게 할 것인가'라는 것이 교육의 주제이다. 다들 긴장한 모습이다. 긴장한 그들에게 강사가 질문을 던졌다.

"여러분은 행복해서 웃나요, 웃으니까 행복하나요?"

새내기들은 서로를 두리번거렸다. 어떤 대답을 해야 할지 모르겠다는 표정들이다. 누가 나서서 답 좀 해주었으면 하는 바람도 담긴 듯하다. 이윽고 한 친구가 용감하게(?) 대답했다.

"'웃으니까 행복하다'라고 생각합니다."

강사가 화답했다.

"네, 맞습니다. 그 이유는 무엇일까요?"

또 조용하다. 그 친구가 다소 자신 없게 말했다.

"방송에서 봤습니다."

그 말에 어쩐지 마음이 무거웠다. 우리 회사의 새내기들뿐만 아니라 세상의 많은 취업준비생들의 현실이 어렴풋이 그려졌기 때문이다. 그들은 미래를 준비하느라 웃을 시간도, 행복을 생각할 시간도 부족했던 것은 아닐까?

그 친구가 어떤 방송을 보았는지는 모르겠지만 '웃으니까 행복하다'라는 말이 틀린 말은 아닌 듯하다. 웃으면 뇌에서는 기쁜 일,

즐거운 일, 행복한 일이 일어난 것으로 인식하고, 인체에 긍정적인 호르몬이 분비된다고도 하지 않는가.

'웃음'은 생각의 변화를 위한 행동으로도 볼 수 있다. 여기서 웃음은 웃긴 상황을 만나 저절로 터져나오는 웃음이 아니라, 스스로 만들어내는 웃음을 가리킨다. 일이 뜻대로 풀리지 않을 때, 타인에게 상처받았을 때, 최선을 다했는데 원하는 결과가 나오지 않았을 때 우리는 웃기 힘들다. 사실상 이럴 때는 화가 나거나 눈물이 나는 게 인지상정이다. 마음속에서 우러나오는 화와 눈물을 억지로 억누를 필요는 없다. 적정한 선에서 분출하는 것은 오히려 몸과 마음을 치유한다. 문제는 그다음이다. 주야장천 화와 눈물로 시간을 보낼 수는 없다. 가능한 한 빨리 웃음으로 돌아오는 것이 유익하다. 물론 쉬운 일은 아니다.

그래도 웃어보자. 웃음은 행복을 만들고, 나아가 행복 바이러스를 퍼뜨린다.

chapter 5

지금 주저앉은
이들을 위하여

제3의 본성이
만드는 나라

한국 사회에서 '인맥'의 힘을 무시할 수 있는 사람이 몇이나 될까? 지연, 혈연, 학연 등 각종 인맥은 우리 사회에 많은 영향을 끼치는 것이 사실이다. 이 영향에는 긍정적 영향과 부정적 영향이 나란히 있다. 긍정적 영향은 인맥으로 이루어진 친밀감이 시너지 효과를 일으켜 협업의 효율을 높인다는 것이다. 지난 동계올림픽에서 전 국민에게 기쁨을 주었던 여자 컬링 국가대표 '팀 킴'이 단적인 예가 될 수 있다.

부정적 영향은 굳이 예시를 들지 않아도 될 것이다. 다들 알게 모르게 느끼고, 혹은 당하며 살고 있을 테니 말이다. 인맥이 부정적 힘을 발휘하면 공정한 경쟁을 무너뜨리고, 평등한 기회를 빼앗는다. 이런 현상은 사회 전체의 건강을 해친다. 우리 사회가 건강하고 행복한 사회가 되려면 인맥의 부정한 측면을 깨뜨려야 한다. 이것은 혼자 힘으로 해내기에는 벅차다. 사회 전체가 합심해서 움직여야만 가능하다.

"개천에서 용 난다"라는 속담이 있다. 그런데 인맥의 부정적 측면이 만연한 사회에서는 개천에서 용이 나오는 모습을 보기 힘들다. 개천에서는 그저 피라미만 볼 수 있을 것이다. 헬조선이라는 별명까지 붙은 오늘의 한국 사회에서 이 속담은 힘을 많이 잃었다. 많은 사람들이 '한국의 개천에서는 용이 나오기 힘들다'는 것에 암암리에 동의한다. 그러므로 제3의 본성이, 모두에게, 필요하다. 특히 기성세대가 앞장서야 한다. 젊은이들이 살기 힘든 대한민국을 만든 책임은 기성세대에게 있다. 기성세대는 솔선수범하여 제3의 본성으로 대한민국을 바꿔야 한다.

사회가 공정한 경쟁의 토대를 쌓고 그 문화를 뿌리내리는 것은 무척 중요하다. 그것은 게임의 룰을 만드는 일과 같다. 사회라는 운동장에서 우리는 싫든 좋든 어쩔 수 없이 경쟁하며 살아야 한다. 가령 좋은 직장이나 좋은 학교는 지원자가 많아 높은 경쟁률이 발생한다. 공무원도 국가재정상 무한대로 뽑을 수는 없다. 경쟁은 필연적이며, 피할 수 없다.

불가피한 경쟁에서의 룰은 공정해야 한다. 편파적이어서는 안 된다. 스포츠에서 심판이 일방적으로 어느 한 팀 혹은 한 선수에게 유리하게 룰을 적용하는 경우가 심심찮게 있다. 당연히 이런 일도 없어야 하지만, 스포츠 무대보다 더 큰 세상이라는 무대에서는 더더욱 없어야 한다. 금수저와 흙수저, 우등생과 열등생이 같은 조건 아래서 경쟁해야 한다. 인맥에 따라 합격과 불합격이 나뉘어서는 안 된다. 공정성이 보장되는 국가가 선진국이다. 아니, 선진국까지 갈 필요도 없다. 공정성이 확고한 국가, 그것이 '나라'다. 물론 그 '나라'는 모두가 마음을 모아야만 만들어낼 수 있다.

공정한 경기장이 마련되었다면, 이제 경기를 뛰는 것, 그리고 그 결과는 전적으로 선수에게 달려 있다. 선수는 전력을 다해 경기에 임한 뒤 결과를 받아들여야 한다. 승리했다면 승리의 기쁨을 만끽하고 패자를 위로하면 된다. 패했다면 패배를 깨끗이 인정하고 다음을 도모하면 된다. 승리에 도취해 나태해지거나, 패배에 낙담해 좌절하거나 둘 다 바람직하지 않다.

인생이란 경기는 길다. 1년, 3년, 5년, 10년 후의 미래를 바라보며 부지런히 나아가야 한다. 그래서 제3의 본성이 요구되는 것이다. 제1, 제2의 본성만으로는 장기 레이스를 펼치기 힘들다. 레이스에서 벗어난 선수는 소리 없이 사라지기 십상이다. 즉 도태되는 것이다.

제3의 본성으로 늘 자신을 평가하고 분석하기를 바란다. 어떤 점이 문제인지, 왜 저평가 받았는지 심사숙고하는 시간이 길면 길수록 좋다. 그것에 열중할수록 자신감이 붙을 것이다. 실패의 확률은 줄

어들 것이다. 상황 대처 능력과 임기응변 능력이 생길 것이다. 노하우가 쌓일 것이다.

언젠가 회사 선배에게 이런 말을 들은 적이 있다.

"조그만 부분을 삶 전체로 확대 해석하면 자존감을 잃기 쉬워. 인생이라는 큰 그림 속에서 국지적인 부분의 채색이 잘못 되었다고, 커다란 캔버스를 던져버리는 우를 범하지 말라고."

캔버스를 지키는 마음. 그 마음이 바로 제3의 본성이다. 제3의 본성이 발달하지 못한 사람은 작은 오점에 실망해 큰 그림을 던져버리기 쉽다. 부분적으로 채색이 잘못된 원인을 분석해 개선해 나가려는 마음이 우리에겐 필요하다.

물론 '난 지금이 좋아. 어차피 한 번 살다 가는 인생 뭐 하러 고생을 해'라는 생각에 머물러 있다면 구슬땀 흘리며 노력할 필요는 없다. 캔버스를 던지지 않아도 되고, 아예 붓질을 시도하지 않아도 된다. 현 상태로 만족하다면 그걸로 그만이다. 그 결과만 본인이 감수할 수 있다면 된다. 평양 감사도 저 싫으면 못하는 법이다.

그래도 이런 마인드에서 벗어나 보기를 권한다. 현 상태에 자족하며 사는 사람의 경우 자기 스스로 능력의 한계를 제한한 것을 종종 보았기 때문이다. 충분히 능력이 있는데, 더 큰 잠재력이 분명 있는데 제자리에 머물기를 꿈꾸는 사람을 보면 사실 안타깝다. 그것은 사회적 손실이기도 하다. 그 사람이 능력을 발휘해 사회에 이바지한다면 우리 사회가 한 걸음 더 발전할 수 있기 때문이다. 한 예로, 어느 유능한 여성 음악치료사는 쉰이란 나이가 될 때까지 전업주부로만 살았다. 그러다 뒤늦게, 성장기 때 돌아가신 아버지의 말씀이 떠올라 음악치료사의 길로 들어섰다고 했다. 그때 아버지는 세상에 무엇인가 기여하는 사람이 되라는 말씀을 남기고 세상을 떠났다고 했다. 혹시 아버지는 어린 딸의 능력과 잠재력을 알아보고 그런 유언을 남긴 것은 아니었을까? 여하튼 만약 그 여성 음악치료사가 주부로서의 삶에만 만족하고 살았다면 음악치료사로서 많은 환자들에게 힘을 주는 '기여'는 일어나지 않았을 것이다.

물론 전업주부라는 직업이 상대적으로 음악치료사보다 가치가 덜하다는 이야기는 절대 아니다. 주부로서 자녀를 잘 키우고, 그 자녀들이 성장해 사회에서 건강하게 활동한다면, 그것은 주부로서 사회에 엄청난 '기여'를 한 것이다. 내가 말하고자 하는 바는 한 사람의 고유한 능력에 관한 것이다. 그 여성 음악치료사는 주부로서의 능력도 뛰어났지만 음악치료사로서의 능력이 더 뛰어나 보였다. 따라서 더 뛰어난 능력을 발휘하는 것이 사회에 더 큰 기여를 가져올 수 있다는 것이다.

사람마다 누구나 잠재력이 있다. 모습을 잘 드러내지 않는 잠재력은 본인의 의지가 발동할 때 본모습을 드러내곤 한다. 그 잠재력을 만나보고 싶지 않은가? 그냥 묵혀두기에는 좀 아깝지 않은가? 본인 자신도 아깝다는 생각이 들지 않는가? 우리에게는 후대에게 더 좋은 세상을 물려줄 의무가 있다. 능력을 발휘해야만 의무를 이행할 수 있다.

그 의무를 신성하게 여겼으면 하는 마음 간절하다.

꿈을 향해 달려가는 거북이

나는 이솝우화 〈토끼와 거북이〉를 초등학교 때 배웠다. 어린 나는 토끼를 선망했다. 거북이와의 경주, 그리고 그 승패 여부보다는 토끼의 뛰어난 능력 자체에 관심이 더 갔기 때문이다. 나는 토끼처럼 특출 난 아이가 아니었다. 중년인 지금도 평범한 사람 쪽에 가깝다.

이야기의 결말은 누구나 다 알다시피 토끼의 패배로 마무리된다. 토끼는 자만해서 경주 도중에 낮잠을 잤고, 거북이는 끈기 있게 목표를 향해 나아갔다. 거북이의 태도는 승자의 태도이며, 그 태도를 갖춘 거북이는 모두의 예상을 뒤엎고 승자가 되었다. 어쩌면 거북이조차 자신이 토끼를 이길 것이라는 생각은 안 했을지도 모른다. 그저 자신의 한계를 시험해보고 싶었던 것일지도 모른다.

여하튼 인생에서는 거북이와 같은 태도가 요구된다. 태어날 때부터 토끼와 같은 능력을 가진 사람이라도 거북이처럼 꾸준히 정진해야 성공할 수 있다. 〈토끼와 거북이〉 속 토끼처럼 살면서 실패를 겪더라도 다시 일어서서 거북이처럼 이 악물고 나아가야 한다. 다만 속도는 성패를 가를 만큼 핵심적인 사항은 아니다. 물론 빠르면 유리하겠지만 느리다고 해서 불리한 것만은 아니다. 자신에게 알맞은 속도를 찾고, 감당할 수 있는 속도로 나아가면 된다.

나는 우화 속 토끼가 다시 경주를 벌였다면 한눈팔지 않고 부지런히 달렸으리라 생각한다. 그래서 거북이를 이기고 자신의 능력을 증명해냈으리라 예상한다. 지난날의 자신을 반성하고 똑같은 잘못을 저지르지 않겠다고 다짐했으리라 짐작한다. 또한 거북이는 토끼를 진심으로 축하해주었을 것이다. 정정당당하게 멋진 경기를 펼쳐준, 그래서 경쟁 상대였던 자신의 존재가치도 높여준 토끼에게 아낌없는 박수를 보내주었을 것이다. 나아가 자신의 속도를 인정하고, 그 속도에 맞춰 열심히 살아갔을 것이다. 우리는 이와 같이 토끼처럼, 거북이처럼 살면 되는 것이다.

고등학교 동창 하나가 있다. 고등학교 시절 함께 동아리 활동도 하고, 형제처럼 친하게 지냈다. 친구는 공부에는 그리 취미가 없었다. 일류대학을 갈 정도의 성적은 아니어서 서울에 있는 마이너리그 학교에 입학했다. 그 후 몇 번 만났지만 서로 자연스럽게 소식이 끊겼다. 나름 삶이 바쁘다는 이유였다.

대학 졸업 후 3~4년 지났을까. 당시 '아이러브스쿨'이라는 동창회 웹사이트가 유행이었다. 이 웹사이트에 가입하면 동창들의 소식을 접할 수 있었다. 나는 어느 한가한 주말 아이러브스쿨에 접속했다. 무심결에 손이 움직여 친구를 찾아보았다. 반갑게도 가까운 곳에 살고 있었다. 전화 버튼을 눌렀다. 전화를 받았다. 회사란다. 저녁 약속을 잡았다.

저녁식사를 하면서 친구와 이런저런 이야기를 나누었다.

"어떻게 해서 이런 좋은 회사에서 일하게 된 거야?"

친구는 굴지의 글로벌 기업에서 일하고 있었다.

"대학 다닐 때 어떤 계기가 있었어. 자세히 말하긴 좀 어려운데, 아무튼 그 이후 죽어라 공부만 했어. 거의 도서관과 실험실에서만 살았지. 특별한 경우가 아니면 학교를 떠나지 않았을 정도로."

친구는 대학 졸업 후 S대 대학원에 진학해 석사, 박사 학위까지 받고 현재 회사에 입사했다고 한다. 그리고 지금까지 근무하고 있다고 한다.

"이야, 인생 역전이다. 고등학교 때 그냥 평범한 학생이었던 내 친구가 우리나라 굴지의 글로벌 기업에서, 그것도 아주 중요한 위치에서 기라성 같은 경쟁자들과 어깨를 나란히 견주며 생존하고 있다니!"

감탄스러웠다. 솔직히 믿겨지지 않았다. 그러나 사실이었다.

"인생 역전에 성공한 비결이 뭐냐? 정말 궁금하다."

"뭐, 대단한 비결은 없어. 간단해."

"그 간단한 비결, 좀 알려줘라."

"어느 날 교내 세미나가 있었어. 외부 초빙 강사분이 꿈에 대하여 이야기하더라고. 근데 특별히 나한테 하는 말처럼 들리는 거야."

그때 강사가 했던 강의는 꿈을 이루는 방법에 관한 것이었다고 했다. 강사는, 본인의 꿈과 비슷한 꿈을 이룬 사람을 찾아 그 과정을 알아보고, 그대로 쫓아서 쉼 없이 따라 실천하면 최소한 그에 버금가는 성과를 이룰 수 있다고 했단다.

친구는 그 말을 믿고 그대로 실행했다. 도서관에 들어앉아 찾고, 또 찾았다. 처음에는 자신과 비슷한 꿈을 갖고 성공한 사람에 대한 자료를, 다음에는 그 사람의 성공한 행적에 대한 자료를, 또 그다음에는 그 사람의 학문적 업적에 대한 자료를. 친구는 수집한 자료들을 파고 또 팠다. 그러자 어느덧 흥미가 생겼고, 자신의 꿈이 점점 더 명확해지는 것을 느꼈다. 그 느낌을 안고 친구는 꿈을 설정했다. 그 꿈을 어떻게 이루어야 하는지 계획도 세웠다. 그리고 그 계획을 부지런히, 끈기 있게 실행해나갔다. 어려움이 생기면, 책부터 찾았다. 책에서 거의 모든 해결 방안을 얻을 수 있었다.

"한 강사를 만났고, 그 강사의 추천에 따라 책을 가까이했고. 지금 이 자리는 그렇게 해서 오르게 된 것 같아. 비결이라면 이게 다야."

친구가 멋지게 보였다. 〈토끼와 거북이〉의 거북이처럼 살아온 친구가 대단한 사람으로 느껴졌다. 친구는 지금도 필요한 지혜와 통찰력을 얻기 위해 일주일에 10권 이상의 책을 읽는다고 했다. 그것 역시 대단했다.

"어떻게 10권이나 읽지? 시간이 돼?"

"책을 쓴 저자와 대화하는 기분으로 읽으면 가능하더라고. 참, 가끔은 저자를 직접 찾아가 대면에서 대화를 나눈 적도 있어. 저자를 만나야만 궁금증이 풀릴 것 같을 때 말이야."

이 대목에서는 정말 박수를 보내야 했다. 그 분야에 대한 전문가와 소통하기 위해 책의 저자를 찾아가다니, 이것은 보통의 열정으로는 불가능한 일이었다.

나는 장차 친구가 더 크게 성공하리라는 믿음이 생겼다. 적어도 지금보다 못한 상황으로 떨어지지는 않으리라 생각됐다. 친구는 꿈을 이루는 방법을 분명히 알고 있었고, 그 방법대로 살고 있었다. 그것만큼 믿음을 주는 행동이 또 뭐가 있겠는가.

그래도 아름답게
살아가기를

아름다운 삶이란 어떤 삶일까.

다시 한 번 본 꼭지에서 아름다운 삶에 대해 고민하고자 한다. 진급하는 것인가. 돈을 많이 버는 것인가. 건강을 유지하는 것인가. 행복을 찾는 것인가. 사랑을 하는 것인가. 정답은 없을 것이다. 있다면 저마다의 마음속에 있을 것이다. 그러므로 정답의 수는 헤아릴 수 없을 만큼 많을 것이다.

적어도 나는 인류에게 유익한 무엇인가를 남기는, 후대에게 유산을 남기는 삶, 그것이 아름다운 삶이라고 생각한다. 그 아름다운 삶을 이루려면 선한 일을 해야만 한다.

동아리 후배의 아버님이 돌아가셨다는 연락을 받았다. 연락을 준 사람은 지금 조문을 가는데 함께 가겠냐고 물었다. 일정이 맞지 않아 개인적으로 가겠다고 답했다. 소나기가 내렸다. 모든 사람들의 발걸음이 바빴다. 좁은 보도가 오고 가는 사람들로 붐볐다. 나는 굵은 빗물과 마주치지 않기 위해 몸을 우산 깊숙이 파묻었다. 바닥을 살폈다. 빗방울이 모여 있었다. 피했다. 반대 방향에서 누가 오는지 살필 여유가 없었다. 부딪쳤다.

"미안합니다."

상대방은 내 사과에 크게 관심이 없었다. 미안하다는 한마디에 상황은 정리되었다. 중요한 것은 소나기였다.

빗물에 옷이 젖어서 발걸음을 재촉했다. 몸이 서늘했다. 지하철역에 도착했다. 손수건으로 몸을 닦고 지하철을 탔다. 빈자리가 눈에 띄어 얼른 다가가 자리에 앉았다. 눈을 감고, 후배를 생각했다.

'진짜 열심히 사는 놈인데……'

후배의 꿈은 모교에서 교편을 잡아, 자신의 후배들을 멋지게 지도하는 것이다. 자신이 겪었던 어려움, 아픔, 고민 등을 시원하게 해결해 주고 싶다고 했다. 그런 후배는 대학 졸업 후 해외로 유학 가서 대학원을 다녔고, 박사 학위를 취득하여 현재는 모 대학교의 교수로 재직하고 있었다. 꿈을 이루어가는 과정에 있는 것이다. 그래서 더욱 아버지가 세상을 떠난 것이 안타까웠다. 아버지는 후배의 든든한 후원군이었다.

후배 생각을 하다 보니 어느덧 지하철에서 내릴 때가 되었다. 역사를 나오니, 밖은 컴컴했다. 가로등 불빛만이 어둠을 밝히고 있었다. 비는 멎어 있었다.

장례식장 가는 언덕을 올랐다. 어린이 전문 병동이 눈에 띄었다. 오래전, 지금은 볼 수 없는 사촌 동생이 입원해 진료 받던 병동도 보였다. 갑자기 한참 동안 잊고 있었던 얼굴들이 떠올랐다. 매제, 고모, 조카들……. 잠시 걸음을 멈추었다. 사촌 동생을 추모했다. 이젠 고통도 없고 슬픔도 없는 곳에서, 자신만을 생각하며, 평안을 누리고 있다고 확신하고, 감사 기도를 드렸다.

언덕을 넘으니 장례식장이었다. 산 자와 망자가 공존하는 공간은 조문객들과 유족들로 분주했다. 조문을 했다. 뜻밖에 분위기가 가볍다. 호상이라고 했다.

나는 상주와 마주 앉았다. 그리고 위로 차 물었다.

"아버님은 어떤 분으로 기억 되십니까?"

상주는 간결하게 대답했다.

"나눔을 실천하셨던 분이에요."

상주에게는 한순간의 망설임도 없었다.

상주의 아버지는 사업가이면서 300여 명 정도 성도가 모이는 조그마한 교회의 장로였다. 상주는, 아버지가 어려운 이웃과 주위 사람들을 마음으로, 몸으로, 물질로 섬겼다고 설명했다. 자랑스러워하는 눈빛이었다. 나는 그 눈빛에 공감할 수 있었다.

장례식장 문을 나섰다. 어두웠다. 응급실 앞 앰뷸런스 경광등이 빨간 불빛을 번쩍이고 있었다. 긴급한 상황. 119 구급대원과 의사와 간호사가 환자를 분주하게 이동시켰다. 가족들의 근심 어린 눈빛이 어둠 속에서 희미하게 어른거렸다. 그 간절한 풍경을 뒤로하고 걸었다. 어린이 전문 병원 건물 안 어린 환자가 유리창 너머로 보였다. 일반 입원 병동의 환자도 보였다. 나는 모든 분들이 완쾌하기를 조용히 기도했다. 고통과 슬픔이 어서 끝나기를 바랐다.

전철에 몸을 실었다. 상주의 고인에 대한 평가가 귀를 울렸다,

'나눔을 실천했던 분이라……'

궁금했다. 나는 이 세상을 떠난 뒤에 어떻게 평가받을 것인가? 어떤 사람으로 기억될 것인가? 무엇을 유산으로 남길 것인가? 아내에게, 딸들에게, 동료와 지인들에게…….

아내와 함께했던 시간들이 그림처럼 떠올랐다. 한 가정의 꿈 많았던 셋째 딸은 스물여덟의 나이에 가난한 외아들의 집으로 시집왔다. 시할머니, 시부모, 시누이들을 새 가족으로 맞았다. 주말마다 시댁에 모이는 가족들을 섬겼다. 시어머니는 매년 두세 달은 입원했다. 아픈 시어머니는 아내의 몫이었다.

자녀들이 태어나자 아내는 1인 4역을 맡았다. 며느리로, 아내로, 두 딸의 어머니로, 그리고 생활 전사로 살았다. 안쓰럽고, 고마웠다. 가끔 아내와 함께 TV 연속극을 보다가 시집살이하는 장면이 나오면 아내의 얼굴을 몰래 훔쳐보았다. 그러고는 재빨리 눈을 돌렸다. 아니, 자리를 떴다. 남편으로서, 인생의 동반자로서 미안해서 그랬

다. 아내의 삶을, 한 여성의 삶을 좀 더 편안하게 지켜주지 못한 것이 마음에 걸렸다.

'가슴이 답답하네. 아내는 날 어떤 남편으로 기억할까?'

딸들에겐 어떤 아빠였을까?

딸들과 함께했던 지난 시간을 기억해보았다. 첫째를 얻었을 때 감사했다. 신비롭기도 했다. 둘째를 낳았을 때 평안했다. 딸들의 일거수일투족은 행복의 선물이었다. 옹알이, 배밀이, 뒤집기, 기어 다니기, 엄마와 아빠를 부르는 한마디, 첫 걸음, 유치원 입학, 초등학교 입학……. 순간순간들이 잊기엔 너무 값진 보석 같은 장면들이었다. 딸들은 내 삶의 이유였다.

'나는 딸들한테 어떤 보답을 했지?'

특별히 생각나는 것이 없다. 심지어 딸들에게 어떤 고민을 갖고 있는지, 무엇을 원했는지, 장래 꿈이 무엇인지, 어떤 남자 친구가 이상형인지 등을 물어보았는지도 가물가물했다. 이야기를 나눈 기억이 없었다. 회사일이 바쁘다는 핑계로 딸들이 잠들고 난 후에 귀가하기 일쑤였다. 아침에는 딸들이 일어나기 전에 집을 나섰다.

'딸들이 아빠를 찾을 때, 도움을 요청할 때 나는 곁에 있었나?'

없었다. 후회가 밀려왔다.

동료와 지인들은 나를 어떻게 평가할까?

동료와 지인들을 하나하나 떠올렸다.

'나는 상대의 관점에서 바라보고, 협의하며 결정을 내렸나?'

대답에 자신이 없었다. 동료들도, 지인들도 나를 썩 괜찮은 사람으로 평가할 것 같지는 않았다. 근본적인 질문이 떠올랐다.

'나는 아름다운 삶을 살고 있는가?'

지금 그 질문에 자신 있게 답하기 위해 노력하며 살고 있는 중이다.

세상에 자신이 나쁜 사람으로 기억되기를 바라는 사람이 있을까? 있다 해도 정말 극소수일 것이다. 대부분은 좋은 사람으로 남기를 바랄 것이다. 좋은 사람으로 남으려면 아름다운 삶을 살아야 한다. 아름다운 삶이 무엇인지에 대해서는 저마다 생각이 다를 수 있다. 서두에서 선한 일을 해야만 아름다운 삶을 이룰 수 있다고 했는데, 이에 대해서도 의견이 분분할 수 있다. 그래도 내 후배의 아버지처럼 나눔을 실천한 삶이 선하고 아름다운 삶이라는 점에 대해서는 다들 동의하리라 믿는다.

다만 본 책을 관통하는 주제에 맞춘다면, 꿈을 이루는 삶도 아름다운 삶이라고 말하고 싶다. 꿈을 이루는 삶은 선한 영향력을 퍼뜨린다. 다른 사람에게, 후대에게 희망을 안기고 동력을 부여한다. 실의에 빠진 누군가에게는 삶을 비춰주는 등대가 될 수도 있다. 인생이라는 긴 항해에서 등대를 만나는 것은 정말 반갑고 감사한 일이다.

여러분은 누군가에게 등대가 될 생각은 없는가? 그것은 나눔을 실천하는 삶이다. 등대의 빛으로 사랑과 희망을 나눌 수 있다. 사랑과 희망이 깃듯 그 등대는 세상에서 가장 멋진 등대로 우뚝 설 것이다. 또한 거룩하고 아름다웠다고, 오랜 세월 기억될 것이다.

인생길에서 잠시
주저앉아도 좋다

인간은 자연의 일부이다. 자연에 봄, 여름, 가을, 겨울 사계가 있
듯이 인간에게도 사계가 있다. 유년기, 청소년기, 청장년기, 노년기
가 바로 인간의 사계이다. 사계라는 시간의 틀 안에서 자연은 순환
한다. 겨울 가면 봄, 봄이 지나면 여름이 오듯 말이다. 인간도 순환
한다. 노년기에서 생을 마감하면, 유년기로 새로운 생이 시작된다.
이렇듯 자연을 닮은 인간은 자연의 품에 안겨 살고 있다. 그러므로
'자연스럽게' 살면 된다.

인생은 '공수래공수거'라고 한다. 빈손으로 왔다가 빈손으로 가
는 것, 그것이 인생이다. 가수 고(故) 최희준의 노래 〈하숙생〉의 가
사에도 "인생은 나그네길", "인생은 벌거숭이 빈손으로 왔다가 빈
손으로 가는가" 등의 구절이 나온다. 이 노래에 대해 저마다 갖는
느낌이 있겠지만, 나는 공수래공수거라는 인생의 무상함을 표현한

느낌이 든다. 그리고 결국 사람은 이 세상의 '하숙생'일 뿐이라는, 어떤 한계를 표현한 듯도 하다.

뉴스를 보면 놀라운 사건들이 참 많이도 터진다는 것을 실감할 수 있다. 그중에서도 재벌, 정치가, 유명 연예인 등 남부러울 것 없을 듯한 사람들의 범죄 뉴스는 놀라움을 더한다. 폭력, 마약, 사기, 성범죄 같은 범죄를 저지르거나 연루되어 무너지는 그들을 보면 언뜻 이런 생각이 들기도 한다.

'왜 저 꼴이 됐나? 돈도 명예도 충분한데 좀 느긋하게 살지.'

어차피 나그네처럼, 하숙생처럼 살다가 빈손으로 가는 인생인데 무엇을 더 얻으려고, 무엇을 더 누리려고 욕심을 부리는가. 욕심은 끝내 화를 부르기 마련이다.

욕심은 자연스럽지 못하다. 욕심으로 가득 찬 삶은 자연에 어긋나는 삶이다. 사람은 자연에 순응하는 삶을 살아야 한다. 그것은 욕심 대신 나눔으로 채우는 삶이다. 사랑하는 삶이다. 공헌하는 삶이다. 인종과 피부색, 빈부 격차, 정치 성향, 권력의 유무 등을 다 떠나 사람이라면 그렇게 살아야 한다. 자연에 순응하는 삶은 인류의 보편타당한 가치라고 생각한다.

우리 모두는 인생이라는 나그네길을 걷다가 나그네처럼 떠나간다. 나그네에게 욕심은 부질없다. 미움, 시기, 질투, 다툼 등은 두말할 필요가 없다. 그런데 나그네처럼 떠나간다고 해서 열정, 꿈, 사랑, 나눔 같은 가치들도 부질없을까? 당연히 아니다. 나그네는 떠나도 그가 걸어온 발자국은 남는 법이다. 비바람과 세월에 씻겨 눈에서는 사라지더라도 남은 사람들의 기억 속에 남는다. 후대에게 유산처럼 남는다. 그러므로 어떻게 살아야 하는지, 그 물음에 대한 답은 자명하다. 느긋하게, 유연하게, 부지런히, 나누면서, 이해하면서, 사랑하면서 살아야 한다. 또한 꿈을 갖고 그 꿈을 이루는 삶을 살아야 한다.

살다가 이따금 주저앉을 수는 있다. 나그네도 길을 가다 힘들면 그루터기에 앉기도 한다. 폭주기관차처럼 24시간 달려갈 수는 없다. 그런 기차는 언젠가는 큰 고장이 나서 회복이 불가능해진다. 삶도 마찬가지다. 때로는 쉼표가 필요하다. 주야장천 달리기만 하다가는 탈이 난다. 불행하게도 단 한 번의 고장으로 마침표를 찍을 수도 있다.

중요한 것은 너무 오래 주저앉아 있으면 안 된다는 것이다. 잠시 쉬고 다시 일어서야 한다. 지나치게 긴 시간 주저앉아 있다가는 영원히 주저앉아버릴 수도 있다. 서면 앉고 싶고, 앉으면 눕고 싶고, 누우면 자고 싶은 것이 사람 마음이다. 때로 상처를 받거나, 난관에 부딪치거나, 실패를 맞거나 할 때는 잠시 주저앉아도 좋다. 엉덩이를 털썩 깔며 제대로 앉아서 쉬도록 하자. 그런 상태로 잠시 숨을 고르고, 다시 일어서자. 얼마나 주저앉아서 쉬어야 할지 감을 잡지 못하겠다면 다른 사람의 도움을 받는 것도 괜찮은 방법이다.

"나 힘들어. 좀 쉬고 싶네. 혹시 내가 계속 주저앉아 있으면, 날 좀 일으켜줄래?"

이렇게 힘든 상황임을 고백하고 도움을 요청하는 것이다.

급변하는 환경 속에서 사실 살아가기가 녹록치 않다. 세상의 빠른 속도를 따라 가는 것조차 힘겨운 것이 사실이다. 뒤처지지 않는 것만도 다행이다. 다른 의미로, 나그네처럼 느긋하게 살다가는 낙오자가 될 수도 있다. 현실이 이러하기에 사실 꿈을 가질 꿈조차 꾸기 어렵기도 하다.

그러나 현실이 이러하기에 더더욱 꿈이 중요하다. 꿈은 살아갈 수 있는 버팀목이 되어준다. 삶의 의미가 되어준다. 따라서 실현 가능한 구체적인 꿈을 갖는 것이 중요하다. 그래야만 도중에 주저앉더라도 다시 일어설 수 있는 힘을 낼 수 있다.

뜬구름 같은 꿈은 상처만 안길 수 있다. 그 꿈을 좇다가 자칫 나락으로 떨어질 수도 있다. 꿈이 깨어지는 아픔은 정말 크다. 꿈꾸어 본 사람은 다 알 것이다.

꿈이 없는 삶은 자연에 순응하는 삶이 아니라고 감히 말한다. 둥지에서 먹이만 받아먹던 어린 새는 언젠가 어미처럼 날아야 한다. 그것이 자연의 섭리다. 그런데 어린 새는 저절로, '자연스럽게' 날아오르는 것이 아니다. 날겠다는 꿈을 가져야만 가능하다. 꿈을 가진 새만이 날 수 있다. 그것이 자연의 진정한 섭리다.

최고의 나를 꿈꾸며

나는 이 세상에서 최고다.

당신은 이런 생각을 가지고 있는가? 가지고 있다면 당신은 이 세상에서 가장 행복한 사람일지 모른다.

당신은 분명 꿈이 있는 사람일 것이다. 꿈이 없는 사람이 자신을 '이 세상에서 최고'라고 여기기는 힘들기 때문이다.

어쩌면 불가능에 가까울 수도 있다. 꿈이 있기에 당신은 아름다운 삶을 살고 있는 사람이다. 제3의 본성인 사회적 본성을 활용하여 성공적인 인생을 살 확률이 매우 높은 사람이다.

나는 누구인가?

당신은 자신에 대해 궁금한가? 그렇다면 당신은 정체성에 대해 알고 싶어하고 있는 것이다. 정체성을 찾으려는 마음은 건전한 제3

의 본성이다.

정체성을 찾는 삶은 긍정적인 방향으로 나아갈 가능성이 높다. 혹시 긴 시간이 지나도 정체성을 확립하지 못할 수도 있다. 그렇다고 노여워하거나 슬퍼하거나 좌절할 필요는 없다. 언젠가 정체성은 그 주인 앞에 정체를 드러내는 법이다. 다만 쉽게 그 모습을 드러내지 않을 뿐이다. 또한 정체성을 찾아가는 여정 그 자체가 값진 인생이다. 그 여정에서 많은 것을 얻을 수 있을 것이다.

나에게는 날개가 있다.

당신에게는 날개가 있다. 그 날개의 이름은 '잠재력'이다. 잠재력이 있다는 사실을 믿어라.

잠재력은 제3의 본성으로 깨어나게 할 수 있다. 숨겨진 날개를 활짝 펴고 날아가게 만들 수 있다. '내 삶은 100센트 내 책임이다'라는 생각을 가져라. 금수저, 흙수저 타령에서 벗어나라. 제1의 본성, 제2의 본성에서 스스로를 해방시키고 자유를 만끽하라. 현재에 자족하고 주저앉아 있는 자신을 꾸짖어라. 그렇게 하면 당장은 삶이 피곤해질 수 있다. 둥지에만 있던 새가 날아오르는 데는 상당한 에너지를 필요로 한다. 원래 힘든 법이다. 그러나 날아오르는 순간 피곤함과 힘겨움은 사라진다. 하루하루가 자신의 것이 된다. 그것은 진정한 기쁨이다. 날아본 사람은 안다.

꿈을 이루는 것이 정말 가능할까?

충분히 품을 수 있는 의문이다. 일면 합리적인 의심이다. 하는 일이 잘 안 되고, 다른 사람보다 잘하는 것도 없고, 주변 여건도 여의치 않고, 처한 환경마저 복잡하다면 자연히 그런 생각에 젖을 수 있다. 인생의 꿈을 이루는 과정이 사실 쉽지만은 않다. 그렇다면 꿈을 '꿀' 필요도 없을 것이다. 그냥 '하면 될' 것이다. 이루는 것이 어렵기에 우리는 꿈을 '꾸는' 것이다.

그 누구도 꿈을 100퍼센트 이룰 수 있다고 장담할 수는 없다. 여정에서 갖은 고난과 난관을 만나게 되고, 그것에 두 손 들고 꿈을 포기하는 경우가 비일비재하다. 하루하루 먹고살기 바쁜 처지가 되면 꿈을 꿀 여유조차 갖지 못한다. 갖더라도 잊게 된다. 악착같이 꿈을 상기하며 나아가더라도 제3의 본성이 발달하지 않았다면 역시 꿈 앞에 도달하기 어렵다. 선천적인 본성과 후천적인 본성만으로는 고난과 난관에 유연하고 효과적으로 대처하기 어렵기 때문이다.

그래도 "꿈을 이룰 수 있다"라고 말하고 싶다. 그 믿음이 바탕이 되어 정말 꿈을 이룰 수 있기 때문이다. 고난과 난관에 부딪친다면, 그래서 힘겹다면 잠시 주저앉아 쉬도록 하자. 그리고 '나는 무엇을 할 수 있는가?'를 생각해 보자. 생각이 정리되면 사소한 것, 쉽게 할 수 있는 것부터 해보도록 하자. 그것이 성취감을 안겨주면서 다시 꿈을 향해 나아갈 수 있는 에너지를 공급해줄 것이다.

성공에 이르는 비결이 있을까?

이 생각을 할 시간에 자신의 할 일을 열심히 하기를 추천한다. 그것이 성공에 이르는 비결이다.

반복하지만, 제3의 본성이다. 이것이 없다면, 성공하기는 낙타가 바늘구멍을 통과하는 것만큼 어렵다. 물론 갑자기 일확천금이 생기는 예외적인 사건이 발생할 수도 있다. 물질적인 것에 삶에 가치를 두는 사람이라면 이것은 큰 성공이다. 그러나 이런 일을 꿈꾸며 감나무 아래 누워 입만 벌리고 있을 생각은 삼가길 바란다. 그 생각은 실패의 지름길이다. 그 꿈을 꾸는 순간 당신은 이미 실패한 것이다. 당신이 누워 있을 때 다른 사람은 날아오른다. 아름다운 세상으로 힘차게 비상한다.

오늘도 최고의 삶을 살았는가?

이 질문을 매일 스스로에게 던지기를 바란다. 꼭 습관화하기를 바란다. 당신의 하루가, 한 달이, 일 년이, 인생이 달라질 것이다.

누구나 '오늘'을 살고 있는 것이다. 어제의 회상에 젖어도, 내일의 희망을 그리거나 걱정에 빠져도 결국 '오늘'의 선상에 서 있는 것이다. 따라서 '오늘'은 삶에서 가장 귀중한 시간이다. '오늘'을 성실하게, 의미 있게 살지 못하면 꿈은 멀어져 간다. 반대로 성실하게 의미 있게 살면 꿈은 눈앞에 다가온다.

스스로에게 이런 질문을 던졌을 때 늘 '그렇다'라는 대답이 나오기는 어려울 것이다. 어쩌면 거의 매일 '아니다'라는 대답만 나올 수도 있다. 그렇다고 좌절할 필요는 없다. 잠시 낙담할 수는 있겠지만, 낙담한 마음이 좌절까지 이르지 않도록 잘 달래주도록 하자. 어차피 긴 여정 중 일부일 뿐이다. 의지만 있다면, 그 의지가 화산처럼 강하지 않아도 불씨만큼만 계속 살려낸다면 점점 '그렇다'라는 대답을 자주 하고 있는 자신을 발견할 수 있을 것이다. 오늘 하루도 의지를 살려냈다면, 당신은 최고의 '오늘'을 살아낸 것이다.

최고의 나를 만났다.

삶 속에서 꿈과 목표를 성취한 순간을 맞이한다면, 당신은 이렇게 믿어도 좋다. 꿈과 목표의 크기는 아무 상관없다. 일일 계획을 실천한 것이라도 무방하다. 작은 것이라도 이루어냈다면 꼭 그런 믿음을 가져라. 당신에게는 그럴 자격이 있다. 그 믿음은 미래에 더 큰 당신을 만나도록 안내해줄 것이다. 어느 순간 당신은 누구도 넘볼 수 없는 '최고'가 되어 있을 것이다.

하룻강아지의
도전을 마치며

하룻강아지 범 무서운 줄도 모르고, 글쓰기를 시작했다.

시작 한 지가 엊그제 같은데 벌써 〈나오는 글〉을 쓰고 있다.

매일 약 3시간씩 글을 썼다. 글쓰기는 나 자신과의 대화의 시간이었다. 사는 동안 늘 머릿속, 마음속 한가운데 글쓰기가 차지하고 있었다. 그 자리는 제법 컸다. 이제 그 자리를 조금이나마 채울 수 있게 되어 가슴 벅차다. 한 문장, 한 문장 넘어갈 때마다 거울에 내 마음을 비춰보는 느낌이었다. 결국 글쓰기는 나를 되돌아보며 반성하는 시간이었다. 대서사시처럼 긴 글은 아니었지만 나름 긴 글을 쓰며 반성은 실컷 했다.

뿌듯하지만 아쉬움도 있다. 조금 더 이른 시간에 글을 쓰기 시작했다면, 지금의 나는 더욱더 아름다운 모습으로 거듭 나 있을 텐데……. 글을 쓰려는 마음은 내게 제3의 본성이었다. 이 본성을 발현한 덕분에 삶을 조금이나마 아름답게 가꿀 수 있었다. 긍정적인 방향으로 한 걸음 나아갈 수 있었다. 희망도 생겼다. 나의 글이 독자들의 제3의 본성을 깨우는 데 도움을 주었으면 하는 희망이다. 그 희망으로 나는 풍선처럼 부풀어 오른 상태다.

다른 작가들과 많은 교류의 시간도 갖게 되었다. 책을 통하여 혹은 직접 대면하면서, 작가들의 삶을 생생하게 피부로 느꼈다. 신선한 충격이었고, 귀한 경험이었다. 한 권의 책을 세상에 내놓는다는 것의 의미를 깊이 되새기게 되었다.

현업에서의 생활이 얼마나 소중한지 새삼 깨닫게 되었다. 주위의 모든 분들에게 재삼 고마움을 느낄 수 있었다. 매일 보는 동료들이 정말 귀한 존재라는 사실을 가슴 깊이 새기게 되었다. 친구들이 곁에 있다는 사실도 정말 감사했다. 지인들 하나하나가 모두 감사했다. 이 모든 분들이 나의 생에 함께했고, 또 함께하고 있다는 사실이 감격스러웠다. 이들이 없었다면 오늘의 나와, 오늘의 이 책은 없었을 것이다.

가족은 두말 할 것 없다. 글을 쓰는 일은 가족 사랑을 뼈저리게 확인할 수 있었던 계기였다. 부모님의 사랑, 형제들의 사랑, 아내의 사랑, 자녀들의 사랑 모두 세상에서 가장 귀한 보물이었다.

사랑하는 아내와 두 딸, 고맙지만 미안했다. 글을 쓰면서 깨닫게 되었다. 나는 좋은 남편, 좋은 아빠가 아니었음을. 글을 쓴답시고 오히려 더 소홀하게 대했다. 그런데도 그 부족한 남편이자 아빠를 아내와 딸들은 글쓰기의 시작부터 끝까지 격려해주었다. 힘이 되어주었다. 완주할 수 있었음은 아내와 두 딸 덕분이다.

이제라도 나는 아내와 두 딸에게 사랑을 베풀겠다고 마음먹는다. 제3의 본성이 내게 그런 마음가짐을 심어준 것이다.

마지막으로 글쓰기에 도전하고 완수할 수 있도록 지도해준, 또 격려해준 이은대 작가님에게 감사를 전한다.

새로운 세계의 문을 연 나 자신에게도 감사하다.

나는 XX 집안의 YY 와 ZZ 사이의 자식으로 태어나, OO초등학교, PP중학교, QQ고등학교, RR대학교를 나와 SS회사에 입사하고, TT와 결혼하여 두 딸을 낳아 다복하게 살고있다. 물론 번민의 시간도 보냈고, 실패도 경험했고, 꿈을 잃는 아픔도 겪었다. 즉 보통 사람의 평범한 삶을 산 것이다. 그런 내가 책 한 권을 세상에 선보인다. 책을 펴냈다고 내가 특별한 사람이 된 것은 아니지만, 왠지 삶이 특별해지는 기분이기는 하다. 이 세상 떠났을 때 나의 책은 나를 평가하는 잣대가 될 것이다. 나는 어떤 사람으로 남을까? 나의 삶과 나의 책은 후대에게 어떤 유산으로 평가받을까?

가슴이 뛴다. 지금 이 특별한 순간에.